中国佛学经典宝藏

32

张春波 释译

星云大师总监修

人民东方出版传媒

東方出版社

《中国佛学经典宝藏》
大陆简体字版编审委员会

总序

星云

自读首楞严，从此不尝人间糟糠味；
认识华严经，方知已是佛法富贵人。

诚然，佛教三藏十二部经有如暗夜之灯炬、苦海之宝筏，为人生带来光明与幸福，古德这首诗偈可说一语道尽行者阅藏慕道、顶戴感恩的心情！可惜佛教经典因为卷帙浩瀚、古文艰涩，常使忙碌的现代人有义理远隔、望而生畏之憾，因此多少年来，我一直想编纂一套白话佛典，以使法雨均沾，普利十方。

一九九一年，这个心愿总算有了眉目。是年，佛光山在中国大陆广州市召开“白话佛经编纂会议”，将该套丛书定名为《中国佛教经典宝藏》①。后来几经集思广

① 编者注：《中国佛教经典宝藏》丛书，大陆出版时改为《中国佛学经典宝藏》丛书。

益，大家决定其所呈现的风格应该具备下列四项要点：

一、启发思想：全套《中国佛教经典宝藏》共计百余册，依大乘、小乘、禅、净、密等性质编号排序，所选经典均具三点特色：

1. 历史意义的深远性
2. 中国文化的影响性
3. 人间佛教的理念性

二、通顺易懂：每册书均设有原典、注释、译文等单元，其中文句铺排力求流畅通顺，遣词用字力求深入浅出，期使读者能一目了然，契入妙谛。

三、文简意赅：以专章解析每部经的全貌，并且搜罗重要的章句，介绍该经的精神所在，俾使读者对每部经义都能透彻了解，并且免于以偏概全之谬误。

四、雅俗共赏：《中国佛教经典宝藏》虽是白话佛典，但亦兼具通俗文艺与学术价值，以达到雅俗共赏、三根普被的效果，所以每册书均以题解、源流、解说等章节，阐述经文的时代背景、影响价值及在佛教历史和思想演变上的地位角色。

兹值佛光山开山三十周年，诸方贤圣齐来庆祝，历经五载、集二百余人心血结晶的百余册《中国佛教经典宝藏》也于此时隆重推出，可谓意义非凡，论其成就，则有四点可与大家共同分享：

一、佛教史上的开创之举：民国以来的白话佛经翻译虽然很多，但都是法师或居士个人的开示讲稿或零星的研究心得，由于缺乏整体性的计划，读者也不易窥探佛法之堂奥。有鉴于此，《中国佛教经典宝藏》丛书突破窠臼，将古来经律论中之重要著作，做有系统的整理，为佛典翻译史写下新页！

二、杰出学者的集体创作：《中国佛教经典宝藏》丛书结合中国大陆北京、南京各地名校的百位教授、学者通力撰稿，其中博士学位者占百分之八十，其他均拥有硕士学位，在当今出版界各种读物中难得一见。

三、两岸佛学的交流互动：《中国佛教经典宝藏》撰述大部分由大陆饱学能文之教授负责，并搜录台湾教界大德和居士们的论著，借此衔接两岸佛学，使有互动的因缘。编审部分则由台湾和大陆学有专精之学者从事，不仅对中国大陆研究佛学风气具有带动启发之作用，对于台海两岸佛学交流更是帮助良多。

四、白话佛典的精华集萃：《中国佛教经典宝藏》将佛典里具有思想性、启发性、教育性、人间性的章节做重点式的集萃整理，有别于坊间一般“照本翻译”的白话佛典，使读者能充分享受“深入经藏，智慧如海”的法喜。

今《中国佛教经典宝藏》付梓在即，吾欣然为之作序，并借此感谢慈惠、依空等人百忙之中，指导编修；吉广舆等人奔走两岸，穿针引线；以及王志远、赖永海等大陆教授的辛勤撰述；刘国香、陈慧剑等台湾学者的周详审核；满济、永应等“宝藏小组”人员的汇编印行。由于他们的同心协力，使得这项伟大的事业得以不负众望，功竟圆成！

《中国佛教经典宝藏》虽说是大家精心擘划、全力以赴的巨作，但经义深邈，实难尽备；法海浩瀚，亦恐有遗珠之憾；加以时代之动乱，文化之激荡，学者教授于契合佛心，或有差距之处。凡此失漏必然甚多，星云谨以愚诚，祈求诸方大德不吝指正，是所至祷。

一九九六年五月十六日于佛光山

原版序
敲门处处有人应

慈惠

《中国佛教经典宝藏》是佛光山继《佛光大藏经》之后，推展人间佛教的百册丛书，以将传统《大藏经》精华化、白话化、现代化为宗旨，力求佛经宝藏再现今世，以通俗亲切的面貌，温渥现代人的心灵。

佛光山开山三十年以来，家师星云上人致力推展人间佛教，不遗余力，各种文化、教育事业蓬勃创办，全世界弘法度化之道场应机兴建，蔚为中国现代佛教之新气象。这一套白话精华大藏经，亦是大师弘教传法的深心悲愿之一。从开始构想、擘划到广州会议落实，无不出自大师高瞻远瞩之眼光，从逐年组稿到编辑出版，幸赖大师无限关注支持，乃有这一套现代白话之大藏经问世。

这是一套多层次、多角度、全方位反映传统佛教文化的丛书，取其精华，舍其艰涩，希望既能将《大藏经》

深睿的奥义妙法再现今世，也能为现代人提供学佛求法的方便舟筏。我们祈望《中国佛教经典宝藏》具有四种功用：

一、是传统佛典的精华书

中国佛教典籍汗牛充栋，一套《大藏经》就有九千余卷，穷年皓首都研读不完，无从赈济现代人的枯槁心灵。《宝藏》希望是一滴浓缩的法水，既不失《大藏经》的法味，又能有稍浸即润的方便，所以选择了取精用弘的摘引方式，以舍弃庞杂的枝节。由于执笔学者各有不同的取舍角度，其间难免有所缺失，谨请十方仁者鉴谅。

二、是深入浅出的工具书

现代人离古愈远，愈缺乏解读古籍的能力，往往视《大藏经》为艰涩难懂之天书，明知其中有汪洋浩瀚之生命智慧，亦只能望洋兴叹，欲渡无舟。《宝藏》希望是一艘现代化的舟筏，以通俗浅显的白话文字，提供读者遨游佛法义海的工具。应邀执笔的学者虽然多具佛学素养，但大陆对白话写作之领会角度不同，表达方式与台湾有相当差距，造成编写过程中对深厚佛学素养与流畅白话语言不易兼顾的困扰，两全为难。

三、是学佛入门的指引书

佛教经典有八万四千法门，门门可以深入，门门是无限宽广的证悟途径，可惜缺乏大众化的入门导览，不易寻觅捷径。《宝藏》希望是一支指引方向的路标，协助十方大众深入经藏，从先贤的智慧中汲取养分，成就无上的人生福泽。

四、是解深入密的参考书

佛陀遗教不仅是亚洲人民的精神归依，也是世界众生的心灵宝藏。可惜经文古奥，缺乏现代化传播，一旦庞大经藏沦为学术研究之训诂工具，佛教如何能扎根于民间？如何普济僧俗两众？我们希望《宝藏》是百粒芥子，稍稍显现一些须弥山的法相，使读者由浅入深，略窥三昧法要。各书对经藏之解读诠释角度或有不足，我们开拓白话经藏的心意却是虔诚的，若能引领读者进一步深研三藏教理，则是我们的衷心微愿。

大陆版序一

楼宇烈

《中国佛教经典宝藏》是一套对主要佛教经典进行精选、注译、经义阐释、源流梳理、学术价值分析，并把它们翻译成现代白话文的大型佛学丛书，成书于二十世纪九十年代，由台湾佛光文化事业有限公司出版，星云大师担任总监修，由大陆的杜继文、方立天以及台湾的星云大师、圣严法师等两岸百余位知名学者、法师共同编撰完成。十几年来，这套丛书在两岸的学术界和佛教界产生了巨大的影响，对研究、弘扬作为中国传统文化重要组成部分的佛教文化，推动两岸的文化学术交流发挥了十分重要的作用。

《中国佛学经典宝藏》则是《中国佛教经典宝藏》的简体字修订版。之所以要出版这套丛书，主要基于以下的考虑：

首先，佛教有三藏十二部经、八万四千法门，典籍浩瀚，博大精深，即便是专业研究者，穷其一生之精力，恐也难阅尽所有经典，因此之故，有“精选”之举。

其次，佛教源于印度，汉传佛教的经论多译自梵语；加之，代有译人，版本众多，或随音，或意译，同一经文，往往表述各异。究竟哪一种版本更契合读者根机？哪一个注疏对读者理解经论大意更有助益？编撰者除了标明所依据版本外，对各部经论之版本和注疏源流也进行了系统的梳理。

再次，佛典名相繁复，义理艰深，即便识得其文其字，文字背后的义理，诚非一望便知。为此，注译者特地对诸多冷僻文字和艰涩名相，进行了力所能及的注解和阐析，并把所选经文全部翻译成现代汉语。希望这些注译，能成为修习者得月之手指、渡河之舟楫。

最后，研习经论，旨在借教悟宗、识义得意。为了将其思想义理和现当代价值揭示出来，编撰者对各部经论的篇章品目、思想脉络、义理蕴涵、学术价值等所做的发掘和剖析，真可谓殚精竭虑、苦心孤诣！当然，佛理幽深，欲入其堂奥、得其真义，诚非易事！我们不敢奢求对于各部经论的解读都能鞭辟入里，字字珠玑，但希望能对读者的理解经义有所启迪！

习近平主席最近指出：“佛教产生于古代印度，但传入中国后，经过长期演化，佛教同中国儒家文化和道家文化融合发展，最终形成了具有中国特色的佛教文化，给中国人的宗教信仰、哲学观念、文学艺术、礼仪习俗等留下了深刻影响。”如何去研究、传承和弘扬优秀佛教文化，是摆在我们面前的一个重要课题，人民东方出版传媒有限公司拟对繁体字版的《中国佛教经典宝藏》进行修订，并出版简体字版的《中国佛学经典宝藏》，随喜赞叹，寥寄数语，以叙因缘，是为序。

二〇一六年春于南京大学

大陆版序二

依空

身材高大、肤色白皙、擅长军事的亚利安人，在公元前四千五百多年从中亚攻入西北印度，把当地土著征服之后，为了彻底统治这里的人民，建立了牢不可破的种姓制度，创造了无数的神祇，主要有创造神梵天、破坏神湿婆、保护神毗婆奴。人们的祸福由梵天决定，为了取悦梵天大神，需要透过婆罗门来沟通，因为他们是从梵天的口舌之中生出，懂得梵天的语言——繁复深奥的梵文，婆罗门阶级是宗教祭祀师，负责教育，更掌控了神与人之间往来的话语权。四种姓中最重要的是刹帝利，举凡国家的政治、经济、军事、文化等等都由他们实际操作，属贵族阶级，由梵天的胸部生出。吠舍则是士农工商的平民百姓，由梵天的膝盖以上生出。首陀罗则是被踩在梵天脚下的土著。前三者可以轮回，纵然几世轮转都无法脱离原来种姓，称为再生族；首陀罗则连轮回的因缘都没有，为不生族，生生世世为首陀罗，子孙也倒霉跟着宿命，无法改变身份。相对于此，贱民比首陀罗更为卑微、低贱，连四种姓都无法跻身其中，只能从事挑粪、焚化尸体等最卑贱、龌龊的工作。

出身于高贵种姓释迦族的悉达多太子，为了打破种姓制度的桎梏，舍弃既有的优越族姓，主张一切众生皆平等，成正等觉，创立了佛教僧团。为了贯彻佛教的平等思想，佛陀不仅先度首陀罗身份的优婆离出家，后度释迦族的七王子，先入山门为师兄，树立僧团伦理制度。佛陀更严禁弟子们用贵族的语言——梵文宣讲佛法，而以人民容易理解的地方口语来演说法义，这就是巴利文经典的滥觞。佛陀认为真理不应该是属于少数贵族、知识分子的专利或装饰，而应该更贴近普罗大众，属于平民百姓共有共知。原来佛陀早就在推动佛法的普遍化、大众化、白话化的伟大工作。

佛教从西汉哀帝末年传入中国，历经东汉、魏晋南北朝、隋唐的漫长艰巨的译经过程，加上历代各宗派祖师的著作，积累了庞博浩瀚的汉传佛教典籍。这些经论义理深奥隐晦，加以书写的语言文字为千年以前的古汉文，增加现代人阅读的困难，只能望着汗牛充栋的三藏十二部扼腕慨叹，裹足不前。

如何让大众轻松深入佛法大海，直探佛陀本怀？佛光山开山宗长星云大师乃发起编纂《中国佛教经典宝藏》。一九九一年，先在大陆广州召开“白话佛经编纂会议”，订定一百本的经论种类、编写体例、字数等事项，礼聘中国社科院的王志远教授、南京大学的赖永海教授分别为中国大陆北方与南方的总联络人，邀请大陆各大学的佛教学者撰文，后来增加台湾部分的三十二本，是为一百三十二册的《中国佛教经典宝藏精选白话版》，于一九九七年，作为佛光山开山三十周年的献礼，隆重出版。

六七年间我个人参与最初的筹划，多次奔波往来于大陆与台湾，小心谨慎带回作者原稿，印刷出版、营销推广。看到它成为佛教徒家中的传家宝藏，有心了解佛学的莘莘学子的入门指南书，为星云大师监修此部宝藏的愿心深感赞叹，既上契佛陀“佛法不舍一众”的慈悲本怀，更下启人间佛教“普世益人”的平等精神。尤其可喜者，欣闻现大陆出版方东方出版社潘少平总裁、彭明哲副总编亲自担纲筹划，组织资深编辑精校精勘；更有旅美企业家鲁彼德先生事业有成之际，秉“十方来，十方去，共成十方事”之襟怀，促成简体字版《中国佛学经典宝藏》的刊行。今付梓在即，是为序，以表随喜祝贺之忱！

二〇一六年元月

目　录

题解

宗密是华严宗的第五祖，荷泽神会的四传弟子，是我国历史上一位有重要贡献的佛教学者。由于宗密的独特见解，在他圆寂后一千多年里，并未得到正确评价，也未受到应有的重视。直到现代，学者们以科学方法研究佛学，才恢复他应有的地位。日本当代著名佛学家、东京大学教授镰田茂雄博士曾对宗密进行了专门研究，写成《宗密教学的思想史的研究》一书，长达六百多页。镰田教授说："宗密作为一个佛教学者，却在中国思想史领域里占有特殊地位。"（《宗密教学的思想史的研究·序》，东京大学一九七五年版）原中国科学院哲学社会科学部学部委员、已故佛学大师吕澂先生早在一九七一年初就说："宗密的见解不仅代表贤首宗的最高学说，也代表了当时正统佛教的最高学说。"（《〈华严原人论〉通讲》，发表于《社会科学战线》一九九〇年第三期）这两位佛学专家对宗密的学术地位做了恰如其分的评价。

《中华传心地禅门师资承袭图》（以下简称《承袭图》）是宗密思想成熟以后的作品，是他的代表作之一，自然有相当高的学术价值和宗教价值。本《题解》分生平、著作、《承袭图》的主要内容和学术地位、版本与注释四个部分简述如下。

生平

宗密俗姓何。因晚年常居于长安终南山圭峰草堂寺，人们称他为圭峰。他生于唐德宗建中元年（公元七八〇年），卒于唐武宗会昌元年（公元八四一年）。宗密是果州西充人（今四川省西充县），家境殷富。青少年时期熟读儒书，为的是救民，但总觉得这类书并不能解决人生问题。他在给清凉澄观的信中说："自龆年，洎弱冠，虽则诗书是业，每觉无归。"（《圆觉经略疏》卷下之二）

唐顺宗永贞元年（公元八〇五年），宗密已二十五岁，由于一个偶然的机会，见到神会的三传弟子遂州大云寺道圆禅师。但禅师并未跟他讲话。他在旁边细察，见圆禅师态度庄严而开朗，心有所思而不外露，与其他僧侣大不相同，于是对圆禅师产生敬慕心情并随禅师出了家。宗密入佛门后，先是当沙弥[1]。一天，随众僧到官吏任灌家做客，得一部《圆觉经》。宗密对这部佛经很感兴趣，甚能体会其中的义理。他把读经心得讲给道圆禅师听，得到印可，圆禅师还摸着他的背说：这是我佛特意授给你的，你要全力弘扬这部佛经的奥义。事实上，宗密花了很多时间在这部佛经上，为此作注疏。他的注疏不仅超过前人，后人也无及者。圆禅师此时就看出宗密是宣扬佛法的难得的人才，劝他到大地方去深造。由于宗密最早投身于道圆门下，后世便称他为荷泽神会的四传弟子。神会的法嗣如下表：

唐宪宗元和三年（公元八〇八年），宗密受具足戒，带着道圆禅师的介绍信，去荆南谒见道圆禅师的老师张惟忠。经过短时间的接触，张惟忠便看出宗密非普通僧人，对宗密说：你是一个能传真道的人，不要在这小地方，应当到帝都去。不久，宗密去东都洛阳，谒见道圆禅师的同门神照。照禅师对他也很器重，说他是“菩萨人”。这时宗密对禅法已有很深的了解，还想了解其他宗派的佛学。当时华严宗虽已式微，但此宗颇重义学，宗密想从此宗学些佛学义理。

唐宪宗元和五年（公元八一〇年），宗密去襄阳谒见恢觉寺灵峰。灵峰是华严宗四祖澄观的门生。宗密想从他那里学习佛法。事不凑巧，灵峰正在生病，不能讲法，便把澄观著的《华严经疏》给他，请他自读。宗密非常推崇这部《疏》，认为这是一部古今所没有的杰作。可以说，这部《疏》对宗密思想最后形成起了决定性的作用。他说："吾禅遇南宗，教逢《圆觉》。一言之下，心地开通。一轴之中，义天朗耀。今复遇兹绝笔，罄竭于怀。"（《景德传灯录》卷十三）这是说，他在圆禅师一言的启发下，就认识到自身本有的佛性。后来又读了《圆觉经》，使他明白了佛教义理。现今又读了澄观的《华严经疏》，使他解决了最大疑难问题。宗密的最大疑难问题是什么？宗密原来就有教禅一致的思想，希望教禅统一。但从所读的经籍中，得不到对此问题的答案。澄观的《华严经疏》解决了此问题。他在给澄观的信中说：此疏"开顿渐禅要，可以此为楷模；传权实教门，可以此为轨范"（《圆觉经略疏》卷下之二）。这就是说，要统一教禅各宗，必须以华严宗的教义为典范。宗密读了澄观的《华严经疏》以后，他的教禅一致说理论基础便确立了。

宗密仰慕澄观的才德，深以不能亲闻澄观的教诲为憾事。在他第二次讲了《华严经疏》后，他写了两封信给澄观，请为弟子。宗密得到应允后，便去长安见澄观。澄观对宗密的才华和勤奋很赏识，说："能伴我同游广博严净华严世界的，只有你啊！"（《宋高僧传》卷六《宗密传》）此时宗密三十一岁，澄观（公元七三八—八三八年）已是七十三岁的老人。澄观说这番话的意思是：只有你宗密才可以做我的继承人，成为华严宗的第五祖。

宗密初到澄观那里时，前两年是昼夜随侍不离左右，随时聆听澄观的教导。在这一段时间里，宗密的学识大有长进。此外，由澄观的介绍宗密还认识许多有名的高僧和权贵。自元和八年（公元八一三年）以后，宗密便到京城各寺去讲学，遇有疑难问题，随时请教澄观。

元和十年（公元八一五年），宗密离开喧闹的京都，去京南终南山专事佛学研究和撰著，并广泛阅读佛教经典。两年间（公元八一五—八一六年），宗密写出《圆觉经科文》和《圆觉经纂要》，这是他最早的两部著作。元和十四年（公元八一九年），他带着这两部著作回到长安，但并未公开发表，而是与同门共同探讨义理，征求意见。

由于在京城要从事繁重化缘，宗密甚觉疲劳，于长庆元年（公元八二一年）再次回终南山。这期间他写了大量著作，有关注释《圆觉经》的著作，大部分都是这时候写出来的。随着著作的增多，他的名声也大起来。

太和三年（公元八二九年），他四十九岁的时候，唐文宗诏他入宫讲法，赐紫袍一件，赠“大德”称号。这一下，宗密名声大振。京都最有权势的官僚纷纷与宗密来往，宗密也愿意与这些人结识。宗密在京三年结识了不少这样的人，如裴休、萧俯、史山人、温造、李训等。其中与宗密关系最密切的是裴休，据说此二人几乎形影不离。

太和五年（公元八三一年），宗密再次入终南山，专心从事著作，再未出山。

太和九年（公元八三五年）“甘露之变”时，宰相李训等与凤翔节度史密谋铲除宦官集团。事泄，李训逃入终南山，宗密要给他剃发假充僧徒藏于山中。李训不放心，逃往凤翔，被捕。宦官仇士良知道宗密曾隐匿李训，欲处死宗密，责问他为什么要这样做。宗密毫无惧色，说：“贫僧识训年深，亦知反叛。然本师教法，遇苦即救，不爱身命，死固甘心。”（《旧唐书》卷一一九《李训传》）仇士良知道宗密是佛教界有威望的人，且嘉其临死不畏，释放了他。后世佛教徒对宗密这种不畏死的精神甚为赞誉，称他为“菩萨人”。

武宗会昌元年（公元八四一年），宗密圆寂于兴福塔院，宣宗李忱追谥他为定慧禅师。

著作

宗密一生著作很多，绝大部分都流传下来。据《宋高僧传》说，总共有二百多卷，但据裴休的《圭峰禅师碑》说，总共有九十多卷，相差一百多卷。为什么会差这么多？宗密曾集诸宗禅言一百卷，名《禅源诸诠集》，也叫《禅藏》（已佚）。这不是宗密的著作，而是他编辑起来的，《宋高僧传》大概把它也算作宗密的著作。现将其最主要的著作罗列并简介于下：

1.《圆觉经大疏》 十二卷

2.《圆觉经大疏钞》 十三卷

3.《圆觉经略疏》 四卷

4.《圆觉经略疏钞》 十二卷

这是一组著作，写于长庆二年（公元八二二年）以后的三年时间里，最早的一部是《圆觉经大疏》，完成于公元八二三年。这四部书是宗密的主要著作，也是使他成名之作。在写这四部书之前（公元八一五—八一六年），宗密曾写成《圆觉经科文》一卷和《圆觉经纂要》二卷（已佚）。宗密治学严谨，写成后并未发表，而是用来征求意见。第二次入山后（公元八二一年），宗密阅读了大量佛典，又仔细钻研了前人所有对《圆觉经》的注释，在《圆觉经纂要》的基础上，陆续完成了四部巨著。其主要内容是以注释《圆觉经》为主，全面地探讨评论了华严、唯识、三论、天台、禅宗多家学说。这几部书写得很好，远远超过前人的注疏。前人注《圆觉经》的有四家。元代清远在其《圆觉经疏钞随文要解》卷一中说：以前的四家疏，“有乖经宗，世无传耳。圭峰之作，今古同遵，四海流通，逮今无壅”。这里说的“四海”包括了日本和朝鲜，事实上，宗密的这四部书在日本和朝鲜的影响比在中国还大。

5.《华严经纶贯》 十五卷

作于长庆二年（公元八二二年）。《华严经》“文富义丰，学者难见涯畔”，况且许多人还不清楚《华严经》与《圆觉经》的关系。此书就是指明《华严经》要点并把《圆觉经》与《华严经》融合起来的著作。

6.《禅源诸诠集都序》 四卷

作于太和五年（公元八三一年），是一部很重要的书，主旨是融会教禅，并以荷泽、洪州禅法和华严教义为最高层次。

7.《原人论》 一卷

著作年代不详，可以肯定不会很早，可能著于《禅源诸诠集都序》之后。宗密著此书的目的主要是想通过对人的本质的论述，让当时的儒、释、道三家都接受华严思想。宗密的愿望未能实现，也不可能实现，但书中的哲学思想对后世却产生了影响，用加拿大学者冉云华教授的话说，是“推进了宋代新儒学的发展”（《原人的探求》，载于《中国文化与中国哲学》，一九八六年出版）。

8.《中华传心地禅门师资承袭图》 一卷

这也是一部很重要的书，详后。

其他写作时间不详的重要著作：

9.《起信论疏注》 四卷

10.《佛说盂兰盆经疏》 二卷

11.《华严经行愿品疏钞》 六卷

12.《注华严法界观门》 一卷

13.《华严心要法门注》 一卷

《承袭图》的主要内容和学术地位

此书的写作时间不能确定，大约写于《禅源诸诠集都序》前后。写作时间不能确定对了解宗密思想有一定影响，但影响不大，我们将在《源流》里谈这个问题。这里我们所要做的是揭示《承袭图》本身的思想和学术地位，即使不清楚此书的确切写作时间，也是可以做到的。

宗密早年学儒，后来学禅，师事澄观以后，除跟澄观学华严学说，还从澄观那里学到道家学说。宗密本人天资聪颖，勤奋好学，又经名师指教，使他成为当时最博学的学者，通儒、释、道三家之学，这就使他有能力比较三家学说的短长。经过多年潜心思考，他认定最能解决人生问题的就是华严宗思想。宗密胸有大志，他要用华严思想统一当时的一切学说。这是宗密思想最主要也是最突出的特点。然而，当时最有势力的却是禅宗，而且禅宗内部的学说也不统一。为了统一儒、释、道三家之学，首先需要统一禅宗内部的学说。宗密的《承袭图》虽然是给裴休的信，而其写作意图却是为了统一禅宗内部。宗密的统一工作绝不是把禅家各宗的说法都拼凑起来，而是以荷泽神会一系为正宗，统一其他各宗。这是《承袭图》的基本思想。

《承袭图》的主要内容有四点：1．禅宗的传承；2．禅宗的主要学说；3．譬喻；4．对荷泽学说的发展。

1．禅宗的传承

佛家不论教、禅都讲究传承，似乎只要证明自宗是正传，其学说就一定正确。禅宗尤其注重传承。传统的习惯使宗密不能不把传承放在首位。宗密其时，禅宗有许多宗派，若细分有数十家，宗密只举出具有代表性的四宗加以叙述。

首先是牛头宗。牛头宗的始祖法融（公元五九四—六五七年）本是三论宗门下，后从禅宗四祖道信学禅。应当说，他的思想基本上属三论宗学说。但后来，特别到宗密的时候，禅宗势力最大，牛头宗人便把自宗列为禅宗，并自称是四祖道信的正传。此宗在南方势力很大。宗密要把惠能、神会一系树为正宗，必须首先破斥此宗关于传承的说法。宗密在《承袭图》中首先就指出，牛头宗始祖法融虽是道信门下，但道信已明确说，他已传法给弘忍。弘忍是正传，法融只能是旁传。这一点，宗密在《圆觉经大疏钞》（卷二之下）里已指了出来。

其次是北宗。此宗在宗密时候已衰微，但也还有传承。特别是北宗的始祖神秀曾是“两京法主，三帝国师”（《承袭图》说神秀弟子普寂是“二京法主，三帝门师”，这是宗密的笔误）。他的弟子普寂（公元六五一—七三九年）也得到唐王朝的重视。当年神会为惠能争正统时，主要对手就是神秀一系，所以宗密在这里也必须指出此宗非正统。

再次是南宗。南宗即惠能一系。在宗密那时候，南宗本来已占有主导地位，禅宗各派绝大多数都确认惠能为正宗。宗密在《承袭图》里之所以还要重申南宗的正统地位，主要是为了给树立荷泽宗的地位打基础。

最后是荷泽宗。宗密指出，荷泽宗全是曹溪惠能之法，本来不需要再立荷泽宗之名，但为了与洪州宗相区别，才另立宗号。宗密还举出德宗皇帝钦定神会为第七祖，来证明荷泽宗是达磨以来的正传。

为了更清楚地说明禅家各宗的传承，宗密还绘了一张图，把禅宗的主要传承都收入图中，使人可以一目了然地得知禅家各宗的师资相承关系。后人把这封信命名为《中华传心地禅门师资承袭图》是有道理的。

宗密千方百计要把荷泽宗树为正宗，他所叙述的禅宗传承皆有所本，就是说，他是根据当时已有的资料进行叙述的，当然这些资料本身都是有倾向性的。尽管宗密没增加什么新史料，但宗密圆寂后一千多年中，他所根据的资料有的已散佚，这样他在《承袭图》中所记载的资料就很可贵了。现代佛学研究工作者研究禅宗传承，也把《承袭图》作为重要参考资料之一。

2．禅宗的主要学说

禅家各宗都有自宗的学说，但他们之间也还是有个共同遵守的最为核心的理论。这一点，对宗密这样具有很高水平的人来说，是看得很清楚的，所以宗密在叙述各宗学说时，一开始就把各宗的共同主张指了出来。他说："达磨西来，唯传心法。……此心是一切众生清净本觉，亦名佛性，或云灵觉。"（《承袭图》）这是说，众生皆有"本觉"心。此心也叫"佛性"或"灵觉"。这一点除牛头宗外其他三宗都承认。然而，这个本觉心怎样起作用，或者说怎样对待这个本觉心，各宗的看法就不同了。这是禅家各宗之所以相互区别的主要原因。宗密判定哪家为正宗，哪家为旁传，就是以各家怎样对待本觉心而裁定的。

首先是北宗。宗密以简略的语言指出，北宗承认众生都有本觉心，但认为它被妄念覆之而不能显现。要想解脱成佛，必须息灭妄念。宗密批评说，这是不了解“妄念本空”的缘故。所谓“妄念”，是由于不认识自身就有的本觉心而产生的烦恼，它并不实在，因此它本身是“空”。但妄念却与本觉心融合为一体。要息灭妄念，本觉心也跟着息灭了。用吕澂先生的话说，北宗的观点“堕入断灭顽空”（《中国佛学源流略讲》第二三〇页）。正确的修习途径是生起正念，正念也跟本觉心一体。正念生起，妄念自无。

其次是洪州宗。宗密指出，此宗把佛性（即本觉心）和人们的一切身、口、意行为看成是体用关系。在洪州宗看来，“起心动念，弹指动目，所作所为，皆是佛性（本觉心——引者注）全体之用，更无别用。全体贪、嗔、痴，造善造恶，受乐受苦，此皆是佛性”（《承袭图》）。就是说，任何一个思想或行动，不问它是善的还是恶的，都是佛性的作用。因此，人们并不需要有意地去修行，“任心”（绝对自由地思想活动）就是修行。

再次是牛头宗。宗密指出，此宗认为，一切皆空，最后连能认识“一切皆空”的智慧也是空。

最后是荷泽宗。宗密指出，荷泽宗所传是达磨以来所传的正法。此宗认为人人皆有空寂的本觉心。由于人们对此不了解才产生妄执，一旦得到老师或朋友的指点，就可以认识到此空寂的本觉心就在自身中。有了这种认识，就不会被妄念所迷。此宗特别强调“无念”。无念就是去掉妄念。一朝妄念都去掉即可成佛。

3．譬喻

宗密以摩尼珠为喻对各宗的主张做了说明。譬喻推理是中国逻辑学的特点，应当说它并不如逻辑推理那样严密，但如果运用得当也是可以说明问题的。宗密就比较合乎逻辑地运用了譬喻推理。

首先谈北宗。摩尼珠有各种颜色，如黑色、绿色、红色、蓝色。宗密认为，摩尼珠的色相虽不相同，体性并不变化。但北宗却不这样看。现以黑色的摩尼珠为例。北宗人认为黑色的摩尼珠已失去本性，只有将黑色磨掉，本性才能显现出来。其实黑色和摩尼珠本是一体，如将黑色磨掉，明珠也不复存在。所以吕澂先生说北宗的见解是“断灭顽空”（《中国佛学源流略讲》第二三〇页）。

其次是洪州宗。宗密说，此宗看到黑色的珠子便认为此黑色便是明珠，或见到青、黄等色的珠子，便认为此青、黄等色本身便是明珠。这样他们反而把明珠的根本特性——明性给忘记了。

再次是牛头宗。此宗认为无论色相还是明珠本身一律皆空。宗密认为此宗违背了诸般若经关于空的说法。般若经籍所说的空指的是妄分别，至于本觉真心是绝对不空的。

最后是荷泽宗。此宗是宗密所推尊的宗派。此宗认为，明珠之体永不变易，青、黄等色相皆是虚妄，不过这种虚妄是跟明珠融成一体的。只要透过青、黄等色相看到明珠的明性就可以了。

4. 对荷泽学说的发展

宗密自称如实地介绍了荷泽宗学说，也就是说如实地介绍了达磨所传的禅宗学说。事实上他对荷泽学说、达磨学说做了重大发展。但他的发展并不符合当时的需要，所以也未引起人们的重视，禅家各宗并未接受他的思想。

宗密对荷泽学说的发展有两点：

第一，关于“心性本觉”。心性本觉是禅宗各家的共同主张（除牛头宗），也是各家的基本思想。而宗密却把荷泽思想概括为“知之一字，众妙之门”。这就是说，宗密想要把禅宗老早就共同承认的“心性本觉”改为“心性本知”。宗密为什么要这样做？主要是为了驳斥洪州宗。因为洪州宗把“本觉”滥用到远远超出前人解释的范围。惠能、神会都认为心性本觉，但在未得到善友人开导之前，这个觉性还处于潜在状态；一旦得到善友的开示，即可明了。而洪州宗却把“本觉”当成已然的了，就是说，众生生下来就具有本觉，并不需要修行，也不需要别人的指点。众生的任何思想或语言、行动都是佛性的表现，也就是说，众生生下来就具有佛性，谁也不比谁卑贱或高贵。由于这种说法受到贫苦大众的回响，所以得到很多拥护者。这就是洪州宗之所以盛行的主要原因。宗密提出“心性本知”的理论，驳斥洪州宗生来即佛的偏执。“本觉”这个概念最早是《大乘起信论》提出来的，禅宗因之。但无论是《起信论》还是禅宗，都没有把“本觉”说成众生生来即是佛，洪州宗改变了“本觉”的原意。宗密把“本觉”改成“本知”，或者说他认为“觉”即是“知”也不是《起信论》和禅宗的原意。宗密把“知”说成为不同于木石的“知”，与“智”不同。这个“知”是众生生来就有的。众生如果仅有此“知”的话，那就距成佛还很远。这种理论如能成立，便与洪州宗的生来即具有佛性的说法形成相当差距。应该指出，宗密的学识令众人叹服，但他的本知理论却并未被人接受。

第二，关于顿悟与渐修。惠能和神会是主张顿悟的。

特别是神会，他批判北宗的一条重要理由就是因北宗主张渐。宗密把神会的顿悟说发展为顿悟与渐修的结合。他说修行的次第是：首先顿悟到本身具有佛性。但光有这种认识还不够，还要渐修。因为无数年来沾染的烦恼习气不可能一下子去掉，需要一点一点地去除，等到把烦恼完全去掉便能成佛。但去掉烦恼必须在正确思想指导下才能进行，就是说，必须先有顿悟，然后才能渐修，没有顿悟的渐修是不行的，是会走错路的。宗密把顿悟与渐修统一起来。

以上就是《禅门师资承袭图》的主要内容。应当说这本书在佛学史上占有一席之地。这本书的主要内容有二,一是传承，二是学说。最有价值的是传承。宗密虽然宗荷泽，但他所叙述的传承都不是他自己编出来的，他都有所本，今天许多资料都阙如了，这本书的价值就显得可贵了。近代著名佛学研究人员如吕澂、印顺、镰田茂雄等，在谈到禅宗时都运用了《承袭图》。关于学说，以前留下来的资料比较零散，况且各家说法有很多雷同的地方。宗密对四家具有代表性的学说的叙述，是相当清楚的。这为后学分辨各宗学说特点提供了可靠的参考资料。

版本与注释

《承袭图》虽是一本有学术价值又有参考价值的书，但版本和注释并不多。这可能是此书过分推崇荷泽宗的缘故。宗密其时，荷泽宗既已衰落，后世就难有人去弘扬此书，甚至在宋代雕刻《大藏经》时竟未被收入。有学术价值的书总是有生命力的，此书传到朝鲜去以后，到我国北宋年间，有朝鲜高僧知讷（公元一一五八—一二一〇年）于一二〇九年著《法集别行录节要并入私记》，对《承袭图》做了详细评论，并认为此书“见解高明”，可以作为观行的龟鉴。《承袭图》也传到日本，保存在日莲宗的大本山妙显寺，后收入《续藏经》中。

古人对《承袭图》可以说没有什么注释。到现代，日本著名学者宇井伯寿博士于一九三九年将此书译成日文并作了注释。一九七一年日本著名学者镰田茂雄博士也将此书译成日文并作了详注，这是迄今最好的注释。我们的今译和注释有很多地方就参考了此书。

注释：

①**沙弥**：梵文 Śrāmaṇera 音译的略称，是佛教出家

五众之一，意译“息恶”，即止恶行慈、觅求圆寂。指已受十戒，还未受具足戒的男性修行者。

经
典

1 前言

（叙写作《禅门师资承袭图》的缘由）

原典

中华传心[①]地[②]禅门师资[③]承袭图[④]

内供奉沙门[⑤]宗密答裴相国[⑥]问

裴休相国问：

禅法大行，宗徒各异，互相诋訾，莫肯会同。切要辨其源流，知其深浅。比[⑦]虽留意，未得分明。撰录之时，恐有差错，伏望略为条流分别，三五纸示，及大抵列北宗、南宗，南宗中荷泽宗、洪州、牛头等宗[⑧]，具言其浅深、顿渐、得失之要，便为终身龟镜[⑨]也。

休再拜

宗密禅师答：

然达磨所传，本无二法，后随人变，故似殊途。扃[10]之即俱非，会之即皆是。前者所述《传记》[11]，但论直下一宗。若要辨诸宗师承，须知有傍有正。今且叙师资傍正，然后述言教浅深，自然见达磨之心流至荷泽矣。

注释

①**传心：**传说世尊在灵山法会上，以花示众。众人都不解其意，缄默无言，唯独摩诃迦叶破颜微笑。世尊知道他已悟佛意，便说：我有正法眼藏（佛心的异名）传给你，此后要代代相传，不立文字。这叫"以心传心"。这种说法，以前无记载，直到唐德宗末年（公元八〇四年），在慧炬撰的《宝林传》中才第一次提出来。

②**地：**土地。土地能生长各种植物，所以用"地"喻"心"，以表示万法皆由心生。

③**师资：**师，老师；资，学生。《百法明门论忠疏》卷上说："如画师资，作模填彩。"（老师画出模型，学生填色。）

④**中华传心地禅门师资承袭图：**这本是宗密应裴休之请，写给裴休的一封信。现在这个书名不知为何人所加。有人简称此书为《圭峰后集》或《圭山答裴休问书》。

胡适先生则简称为《圭图》。我在译文部分简称《禅门师资承袭图》。

⑤**内供奉沙门：**沙门是梵语 Sramaṇa 的音译，意为息心。在印度，沙门指一切修道者，在中国则指出家众。宗密于唐文宗太和二年（公元八二八年）被召入宫讲法，所以称“内供奉”。

⑥**裴相国：**裴休（约公元七九一——八六四年），字公美，河内济源（今属河南省）人。进士出身，历任监察御史、兵部侍郎、御史大夫、同平章事、户部尚书、太子少师，进封上柱国。笃信佛教，对宗密尤为崇敬。宗密在京城期间，他与宗密几乎形影不离。曾撰清凉、大达、黄檗等高僧的碑文。

⑦**比：**近来。

⑧裴休在这里把牛头宗列入南宗，这是不对的。牛头宗的创宗人是法融，是从四祖道信门下旁出的，“此一宗都不关南北二宗”（宗密语，见《牛头宗》）。

⑨**龟镜：**龟鉴，准则、指南。

⑩**扃：**把门关闭起来。

⑪**《传记》：**此书未流通，可能是宗密专门给裴休写的，自达磨至惠能再至神会的禅宗略传。

译文

裴休相国问：

禅法大行于天下以来，产生了许多宗派。他们所阐述的道理不但不一致，而且互相诋毁，不肯融通。我迫切地想知道各宗的源流，了解其深浅。近来我虽留意了这方面的问题，但仍不很明了。我常撰写与禅宗有关的文章，而对禅宗的义理和流派又不十分清楚，很可能在文章中出现偏差。这是我最担心的。所以希望禅师对禅宗各派做些解释，就是说，大略地说明一下北宗、南宗，南宗里的荷泽和洪州以及牛头等宗的源流，较为详细地指出他们所谈义理的深浅、怎样入道、是“顿”还是“渐”，还希望谈一下各宗的得失。您所谈的上述各方面的问题都将作为我终身的指南。

休再拜

宗密禅师答：

正如您所说，目前的禅法确实有好多派，其实达磨所传的禅法只有一种，只是由于后来的传法人不同，形成不同宗派，禅法才有了变化，好像禅法本身就有好几种似的，事实并不如此。现在各宗派皆自闭门户，这样，他们所传的禅法都不符合达磨所传禅法的原意；如果能互相会通，则都能符合达磨所传的禅法。以前给您写的

《传记》，仅写了达磨—惠能—神会一系，这对于全面了解禅宗各派还是不够的。要想弄明白各宗的传承和义理，还应知道禅宗各派有的是正宗，有的则是旁传。我先为您辨明各宗传承的旁正，然后再谈谈他们所传禅法的深浅。明白了这些，自然就可以看出，由荷泽神会一系所传的禅法才是正宗，其他各宗都是旁传，并不符合达磨所传禅法的原意。

2 叙各宗传承

牛头宗

原典

牛头宗者，从四祖[1]下傍出。根本有慧融禅师[2]者，道性高简，神慧聪利。先因多年穷究诸部般若之教，已悟诸法本空，迷情妄执。后遇四祖，印其所解空理，然于空处显示不空妙性。故不俟久学，而悟解洞明。四祖语曰："此法从上只委一人，吾已付嘱弟子弘忍[3]讫，即五祖也。汝可别自建立。"后遂于牛头山[4]，别建一宗，当第一祖。展转乃至六代[5]。后第五祖师智威[6]有弟子马素[7]，素有弟子道钦[8]，即径山是也。此一宗都不关南北二宗。其南北二宗，自出于五祖门下。五祖已前，都未有南北之称。

注释

①**四祖：**即道信（公元五八〇—六五一年），俗姓司马，蕲州广济（湖北广济）人。七岁出家，十二岁从僧璨学禅。经他的努力，使中衰的楞伽师禅法再度流传。唐太宗曾三次召他入长安，他都拒绝了。著有《菩萨戒本》《入道安心要方便法门》，均不存。

②**慧融禅师：**慧融（公元五九四—六五七年）也叫法融。十九岁从三论巨匠炅法师出家，遍读般若经籍。公元六二四年见道信，接受道信指点。此后便禅教并重。后去牛头山，自立一宗，有徒众百余人。因他在牛头山传法，所以把他这一宗叫“牛头宗”。著有《心铭》《绝观论》。

③**弘忍：**即五祖（公元六〇二—六七五年）。七岁即从道信学禅法，后为道信的法嗣。他保持了道信的朴素的禅风，极力主张远离城市，白天劳作，晚上修定。他门下二大弟子惠能和神秀后分成南北两大宗，几乎独占了整个禅门的天下。

④**牛头山：**山名，在江苏省江宁县境内。法融在此山佛窟寺久居，开门授学，后自成一宗，便以此山名命名，即牛头宗。

⑤**展转乃至六代：**法融第一—智岩第二—慧方第

三—法持第四—智威第五—慧忠第六（马素也是智威门下，不算正传）。

⑥**智威：**牛头宗五祖（公元六四六—七二二年）。二十岁出家，后来从法持习禅法。晚年把主持法门的重责交给弟子慧忠，自己却出山，住在延祚寺。

⑦**马素：**即鹤林玄素（公元六六八—七五二年）。二十四岁出家，从智威学禅法。虽不属牛头宗祖师，但活动能力很强，功底颇深。他的著名弟子有道钦。

⑧**道钦：**即径山法钦（公元七一四—七九二年）。二十八岁从玄素出家。精牛头禅。因在径山修道，时人称他为径山法钦，华严宗四祖澄观国师也跟他学习过。死后谥号大觉禅师。

译文

牛头宗是从四祖道信（公元五八〇—六五一年）门下旁出的。其创始人慧融禅师(公元五九四—六五七年)，也叫法融，此人道德高尚，学问渊博，心性开旷，天资聪慧。从前由于多年钻研般若诸经籍，已悟到“诸法本空”的道理；并指出，众生之所以不了解这一点，是因为迷悟不觉而错误地把诸法执为实有。后遇四祖道信。道信对慧融所理解的关于空的道理给予印可，然而又指出，还应当知道在空处即显示了不空的妙性。慧融得到道信的教导以后，自行思索，不久即明白此中的道理。四祖对他说：“达磨所传之禅法，从上以来只传一人。我已经传授给我的弟子弘忍（公元六〇二—六七五年），即五祖了。你可以自己另立宗派。”后来慧融便在牛头山另立一宗。他是那一宗的第一祖。辗转相传，一直传到第六代。第五代祖师是智威（公元六四六—七二二年）。智威的弟子有马素，即鹤林玄素（公元六六八—七五二年）。玄素有弟子道钦，即径山法钦（公元七一四—七九二年）。这一宗通称牛头宗，与南北二宗无关。南北二宗出于五祖弘忍门下。五祖以前没有南北的称呼。

北宗

原典

北宗者，从五祖下傍出，谓有神秀①等一十人，同是五祖忍大师弟子，大师印许各堪为一方之师②，故时人云：“忍生十子。”能和尚直承其嫡，非此十数也③。于中秀及老安④、智诜⑤道德最著，皆为高宗皇帝之所师敬，子孙承嗣，至今不绝。就中秀弟子普寂⑥化缘转盛，为二京法主，三帝门师⑦。但称达磨之宗，亦不出南北之号。

注释

①**神秀：**（约公元六〇六—七〇六年）河南陈留（今开封）人。五十岁从弘忍学禅法，很受器重。后去荆州玉泉山隐居，十四年间一直在山中用功，弘忍圆寂后才出来传法。跟他学习的人很多，所谓“就者成都，学来如市”。九十多岁以后被武则天召入京城，为武后、中宗、睿宗三代帝师。净觉的《楞伽师资记》有他的语录十三则。

②**各堪为一方之师：**这是说神秀等十人，都可以做一个地区的法主。这句话原出自玄赜的《楞伽人法志》，此书已佚。净觉撰的《楞伽师资记》抄录了这句话：“如吾（弘忍）一生，教人无数，好者并亡，后传吾道者，只可十耳。……此并堪为人师，但一方人物。”

③**非此十数也：**当时人们盛传“忍生十子”，就是说弘忍有十个大弟子。宗密为了抬高惠能的地位，说这十大弟子只能做一方之主，惠能是嫡传，可为天下法主，不包括在这十人之内。这样，按宗密的说法，弘忍应有十一大弟子。宗密在《禅门师资承袭图》里就列了十一人，参见《绘图说明》。

④**老安：**即慧安（公元五八二—七〇九年）。他的岁数比弘忍还大，寿近一百三十，所以称老安。俗姓卫，

荆州（湖北境内）人。隋文帝时期亡入山谷。唐贞观年间见弘忍，学禅法。麟德元年(公元六六四年)去终南山。神龙二年（公元七〇六年）赐紫袈裟。弘忍的禅法由他传入洛阳、长安。

⑤**智诜：**(公元六〇九—七〇二年)俗姓周，汝南(河南省汝南县）人。十三岁师事玄奘，后从弘忍学禅法。著有《虚融观》三卷、《般若心经疏》一卷。

⑥**普寂：**（公元六五一——七三九年）神秀的嫡传弟子，深受唐王朝尊崇，号称“两京法主，三帝门师”。

⑦**三帝门师：**三帝是武后、中宗、睿宗。门师亦称国师，有资格为帝王讲法，授菩萨戒。

译文

北宗是五祖门下的一支，但并不是正支。五祖弘忍大师门下有神秀（公元六〇六—七〇六年）等十大弟子，大师印可他们各为一方主。所以当时人们说：“忍生十子。”惠能和尚是忍大师的嫡传，不在这十子中。这十大弟子中，神秀、老安（公元五八二—七〇九年）和智诜（公元六〇九—七〇二年）道德最高。这三人都为唐高宗所敬重，奉以师礼。他们三人的后学承袭师业，至今不绝。其中神秀的弟子普寂（公元六五一——七三九年）名声最大，威望最高，历任东、西二京的法主，三帝（则天后、中宗、睿宗）的门师。但此宗只称达磨宗，还没有南、北宗的称呼。

南宗

原典

南宗[①]者，即曹溪[②]能大师，受达磨言旨已来，累代衣法相传之本宗也。后以神秀于北地大弘渐教，对之故曰南宗。承禀之由，天下所知，故不叙也。后欲灭度，以法印付嘱荷泽[③]，令其传嗣。传嗣之由，先已叙之呈上。然甚阙略，今蒙审问，更约承上《祖宗传记》[④]稍广。《传》中叙能和尚处中间云："有襄阳[⑤]僧神会，俗姓高，年十四即荷泽也。荷泽是传法时所居之寺名。来谒和尚。和尚问：'知识远来，大艰辛，将本来否？'答：'将来。'问：'若有本，即合识主。'答：'神会以无住为本，见即是主。'大师云：'遮沙弥[⑥]争敢取次语？'便以杖乱打。神会杖下思维：大善知识历劫难逢，今既得遇，岂惜身命？大师察其深悟情至，故试之也。如尧知舜，历试诸难。"《传》末又云："和尚将入涅槃，默授密语于神会。语云：'从上已来，相承准的，只付一人。内传法印，以印自心；外传袈裟，标定宗旨。然我为此衣，几失身命。'数被北宗偷衣之事[⑦]，在此传之前文，今不能录。达磨大师悬记[⑧]云：'至六代以后，命如悬丝，即汝是也。此言在叙达磨传中。是以此衣宜留镇山。汝机缘在北，即须过岭[⑨]。二十年外，当弘此法，广度众生。’和尚临终，门人行滔、超俗、法海等问：‘和尚法何所付？’和尚云：‘所付嘱者，二十年外于北地弘扬。’又问：‘谁人？’答云：‘若欲知者，大庾岭上以网取之。’相传云：‘岭上者高也。’荷泽姓高，故密示耳。”

注释

①**南宗：**这里说的南宗，特指惠能一系，用此称呼与神秀一系的北宗相区别。其实，“南宗”一词早就有了。禅宗以前的传承是楞伽师，他们以《楞伽经》为根本经典。《楞伽经》出自南天竺，所以称楞伽师的法系为“南天竺一乘宗”，简称南宗。净觉的《注般若心经》李知非《略序》（约作于公元七二七年）说：“宋太祖之时，求那跋陀罗三藏禅师，以《楞伽》传灯，起自南天竺，名曰南宗。”（S 四五五六号）

②**曹溪：**今广东省曲江县东南。惠能长期于此地讲法，后世常以曹溪代表惠能。

③**荷泽：**指神会（公元六六八—七六〇年）。天宝四年（公元七四五年），他被兵部侍郎宋鼎请入东都荷泽寺，自是以后人们渐渐称他为“荷泽和尚”。神会被德宗

诏定七祖后，他这一系被称为荷泽宗。

④**《祖宗传记》**：此书未见流传。

⑤**襄阳**：今湖北襄阳，是神会的籍贯。

⑥**沙弥**：为七众之一。指佛教僧团中，已受十戒，未受具足戒，年龄在七岁以上，未满二十岁之出家男子。

⑦**数被北宗偷衣之事**：偷衣之事首见于神会的《菩提达摩南宗定是非论》："普寂禅师同学，西京清禅寺僧广济，景龙三年（公元七〇九年）十一月至韶州，经十余日，遂于夜半入和上房内，偷所传袈裟。和上喝出。……和上云：'非但今日，此袈裟在忍大师处三度被偷。忍大师言，其袈裟在信大师处一度被偷。所是偷者，皆偷不得。'"（胡适：《新校定的敦煌写本神会和尚遗著两种》，载于台湾《大藏经补编》第二十五册页七十四—七十五）

⑧**悬记**：预言。

⑨**须过岭**：岭，大庾岭，在今江西大余和广东南雄交界处。"须过岭"的意思是要神会到岭北即北方地区传授南宗禅法。

译文

南宗即是曹溪惠能大师之宗。这一宗才是承受了达磨本旨，历代衣法相传的正宗。后来因为神秀一系在北地大弘渐教，为了与他们相区别才自称南宗。惠能大师取得正传的原因，是天下共知的，这里就不说了。惠能大师在临灭度时，把法印传给荷泽神会。至于传给他的理由，以前曾写有专文呈上。然而那篇文章写得比较简略，今蒙详问，又据您的要求另呈上《祖宗传记》。这本传记稍详。《传》中在谈到能和尚的地方有如下一段话："有襄阳僧神会，俗姓高，十四岁即荷泽。神会之所以叫荷泽，是用了神会传法时所居之寺名。来参谒惠能和尚。和尚问：'知识远来，太辛苦了。你知道禅法的根本精神吗？'答：'知道。'问：'如果知道了禅法的根本精神，就应知道佛性。'答：'神会以无住（不执着）为禅法的根本精神，以见（知）为佛性。'大师说：'你这小沙弥，怎敢这样一个挨一个地回答问题？'便用杖乱打。神会想：有大智慧的人，历经数世也难得遇上，今天既然得遇，生命尚不足惜，何怕挨打？其实，大师已看出神会早就深悟禅法，所以特别加以试看。如同尧知舜，故屡加试难一样。"《传》末还说："和尚将入涅槃时，默默地将密语告诉神会。说：'从上以来，传承的规矩是只传一人。内传法印，以印自心；外传袈裟（法衣），以标明我宗的宗旨。我为此衣几乎丧失性命。'北宗人数次偷衣之事，此《传》的前文已经说了，这里不能再说。达磨大师预言：'六代以后，性命犹如悬丝一样的危险。他所说的悬丝，指的就是你神会。此言在叙达磨传中。所以此衣宜留山中镇山。你的机缘在北方，就是说，需要过大庾岭。二十年以后，当弘此法，广度众生。’惠能和尚临终时，门人行滔、超俗、法海等问：‘和尚的禅法将在哪里弘扬？’答曰：‘所付嘱的人，二十年后将于北地大弘禅法。’又问：‘何人弘扬？’答曰：‘若想知道，在大庾岭上，用网捞取。’传说：‘大庾岭高峻。’荷泽俗姓高，岭上即暗指荷泽。”

荷泽宗

原典

荷泽宗者，全是曹溪之法，无别教旨。为对洪州傍出故，复标其宗号。承禀之由，已如上说。然能和尚灭度后，北宗渐教大行，亦如上叙。因成顿门弘传之障。曹溪传授碑文，已被磨换，故二十年中，宗教沉隐。大师遭百种艰难等事，皆如先所呈《略传》，广在《本传》[①]，他日具呈。天宝初，荷泽入洛，大播斯门，方显秀门下师承是傍，法门是渐[②]。既二宗双行，时人欲拣其异，故标南北之名，自此而始。

问："既荷泽为第七祖，何不立第八，乃至九、十？后既不立，何妨据传衣为凭但止第六？"答："若据真谛，本绝名数。一犹不存，何言六、七？今约俗谛，师资相传，顺世之法，有其所表。如国立七庙[③]，七月而葬[④]，丧服七代，福资七祖，道释皆同。经说七佛⑤，持念遍数，坛场物色，作法方便，礼佛绕佛，请僧之限，皆止于七。过则二七，乃至七七⑥，不止于六，不至八、九。今传受仪式，顺世生信，何所疑焉？故德宗皇帝，贞元十二年，敕皇太子，集诸禅师，楷定禅门宗旨，搜求传法傍正，遂有敕下，立荷泽大师为第七祖。内神龙寺，见有铭记。又御制七代祖师赞文，见行于世。”

注释

①**《略传》《本传》：**未见流传，但可以由此确知，宗密当时是有这两本书的。

②**师承是傍，法门是渐：**这是神会批判北宗的主要内容，但用这两句话来概括，则首见于宗密的这封信，即《禅门师资承袭图》。

③**国立七庙：**《礼记·王制》：“天子七庙。”（《十三经注疏》页一三三五）

④**七月而葬：**《礼记·王制》：“天子七日而殡，七月而葬。”（《十三经注疏》页一三三四）

⑤**经说七佛：**毗婆尸佛、尸弃佛、毗舍婆佛、拘留孙佛、拘那含牟尼佛、迦叶佛、释迦牟尼佛。

⑥**顺世之法……乃至七七：**这段话是说，按世俗人

的常规，很多事数，多以七为限。不够七的，要凑成七；超过七的，要凑足二七，乃至七七。宗密在《圆觉经略疏钞》卷四有与此略同的一段话："顺世规矩，世谛之法，多止于七，经教亦然。如此方七代先亡，或令持念，一七、二七、乃至多七。请僧之数，亡人斋数，每事皆七，乃至祖有七佛，国有七庙之类也。"

译文

荷泽宗的禅法全是继承曹溪惠能的，并无其他教旨。因为当时有洪州宗旁出，为了与洪州宗相区别，才用了荷泽宗的名字。荷泽宗的传承情况已如上述，本可以不谈了。然而，由于惠能和尚灭度后，北宗的渐教大盛，已如前叙。成为顿门弘传禅法的障碍。曹溪传法的碑文也被磨去重写，以致禅宗的真精神被隐没了二十年。荷泽大师所遭遇的种种磨难，都简略地写在以前呈给您的《略传》里，关于大师的详传，写在《本传》中，他日呈上。天宝初（公元七四二年是天宝初年），荷泽入洛阳，大力宣扬达磨所传的禅法，相比之下才看出，神秀门下师承是旁，法门是渐。当时既然有二宗同行，为了区别它们，才有了南北之分。南北二宗的名字也就是从此时才有的。

问："荷泽既然被立为第七祖，为什么不立第八，乃至第九、第十祖？再者，既然第七代以后就不立宗主了，为什么以传衣为凭只到第六代呢？”答：“若据真实的意义，本来是没有名分和数次的。连‘一’都没有，还怎么能谈得上六、七呢？但就世俗的眼光看，师（老师）资（弟子）相传，名分、数次还是有的，这些名分、数次都是有所指的。如一个国家立七庙，七月而葬，丧服七代，福资七祖。道家与释家都是这样。至于念佛遍数，坛场设施，作法方便，礼佛绕佛，请僧数额，皆以七为限度。超过七就应用七的倍数，即二七；再超过，即用三七、四七乃至七七，不能止于六，也不能止于八、九。如今所传下来的仪式，就是随顺世俗来的，世人皆信，有什么可以怀疑的呢？所以德宗皇帝于贞元十二年（公元七九六年），敕命皇太子李诵，召集诸禅师，正式确定禅门的宗旨，搜求禅法的正宗和旁传。尔后下诏立荷泽大师为七祖，住于神龙寺。至今神龙寺内尚有碑文铭记。德宗还亲自作《七祖赞》，至今流传于世。”

洪州宗

原典

洪州宗[①]者，先即六祖下傍出。谓有禅师姓马，名道一，先是剑南金和尚[②]弟子也。金之宗源即智诜也，亦非南北[③]。高节至道，游方头陀[4]，随处坐禅。乃至南岳，遇让禅师，论量宗教，理不及让[5]，方知传衣付法曹溪为嫡，乃回心遵禀。便住处州、洪州，或山或郭，广开供养，接引道流。后于洪州开元寺，弘传让之言旨。故时人号为洪州宗也。让即曹溪门下傍出之派徒，曹溪此类，数可千余。是荷泽之同学，但自率身修行，本不开法，因马和尚大扬其教，故成一宗之源[6]。

注释

①**洪州宗：**洪州，江西省南昌县。马祖道一（公元七〇九—七八八年）在这一带传法，后成一宗，故名洪州宗。

②**剑南金和尚：**剑南，四川一带。金和尚即净众寺无相，俗姓金，新罗（朝鲜古国）人，开元十六年（公元七二八年）入唐。师事处寂，处寂的老师是智诜，所以下面小注说："金之宗源即智诜。"

③**亦非南北：**这是说的智诜。智诜是五祖门下旁出，与南北宗皆无关系，所以说他既不属于南宗，也不属于北宗。

④**头陀：**Dhūta的音译，意为抖擞，即抖去对衣服、饮食、住处的贪着。此地指头陀行。头陀行法有十二种，主要是以乞食为生。马祖道一早期即以乞食而云游各地。

⑤**理不及让：**这是说马祖道一的禅学理论不及怀让。据《景德传灯录》卷五所载："马祖道一去各地巡礼圣迹。到南岳，在那里坐禅，被怀让发现。让知他非同凡人，便想法点化他。先是在他坐禅旁磨砖。道一问：'磨砖何用？'让答：'磨镜。'道一问：'磨砖怎能得镜？'答：'磨砖既不能得镜，坐禅怎能成佛？'接着又问了几个问题，怀让说得头头是道，令道一信服，便拜怀让为师。"

⑥**一宗之源：**这是说怀让自己虽不愿意开法，但经马祖道一的宣扬，却成为洪州宗的源头。道一是洪州宗的开创人，他曾经师事二人，按宗密的看法，其传承如下表：

正文说："先是剑南金和尚弟子。"

注文说："金之宗源即智诜。"

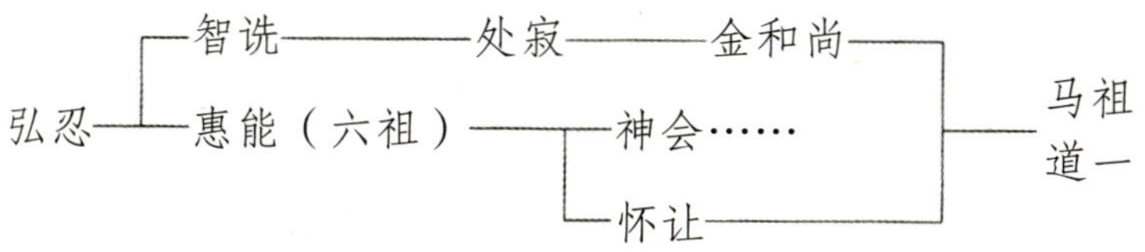

正文说："先即六祖下傍出。"

译文

洪州宗的先祖也是六祖门下，但不是正宗。说是有位姓马名道一（公元七〇九—七八八年）的禅师，从前他是剑南金和尚的弟子。金和尚的宗源出自智诜，与南北宗无关。此人有远大理想，以头陀行法，云游各地，随所到之处，就地坐禅。后来到了南岳，遇到怀让禅师。他与让禅师谈论禅法，他的理论赶不上怀让。这时他才知道曹溪乃传法传衣的嫡传，于是便专心于此宗，随怀让学禅法。十年后，他学有所得，便去处州（浙江省丽水县）、洪州（江西省南昌县）等地。或到山村或往城郭，广肆传道，接引学徒。后来常住于洪州开元寺，在那里弘扬怀让的言教。因他在洪州弘道，所以当时人们称道一这一系为洪州宗。怀让是曹溪惠能门下旁出的。在曹溪门下，像怀让这样的人，数可达千余。怀让是荷泽的同学，他本人只注重自身修行，而且带头这样做，并不想自成一宗，但后来他的弟子马和尚道一大扬其法，他才成为一宗（洪州宗）的源头。

绘图说明

原典

上且略叙诸宗师承，大概如此。然缘傍正横竖，交杂难记，今画出为图，冀一览不遗于心腑，谨连次后。

凡与祖师平书者 悉是同学兄弟 **达 磨 第 一** 名下连书者可认 相承旁正堂从	
尼总持得肉	断烦恼 得菩提
慧可第二[①]**得髓**	本无烦恼 元是菩提
道 育 得 骨	迷即烦恼 悟即菩提
宝月禅师 **僧 璨 第 三**[②] 向居士 华闲居士	

道信第四

黄梅朗禅师
荆州显
舒州法藏

弘忍第五③

法净

牛头山慧融初祖

智嶷第二④	慧方第三
法持第四	智威第五
慧忠马素	径山道钦

襄州通	潞州法如
北宗神秀六	普寂七

西京山北章敬寺澄
东京同德寺
越州方
果阆宣什

惠能第六⑤

业州法

资州诜	资州处寂
益州金	益州石
江州宁持	
老安陈楚章	杨州觉
保唐李了法	

江陵悟 兼 禀
敬 山

南岳让·洪州马·章敬禅[⑥]

百丈海

西堂藏

兴善宽

神 会 第 七

印宗法师 能和尚于座下听《涅槃经》

魏州寂

邢州惠觉

太原光瑶

涪州朗

襄州寂芸

摩诃衍

西京大愿

净住晋平

河阳空

磁 州 智 如[⑦]

荆州衍

浮查无名　　华严疏主[⑧]

东京恒观

潞州弘济

襄州法意

西京法海

陕州敬宗

凤翔解脱　　西京坚

益州南印⑨	东京神照 益州如一 遂州道圆 建元玄雅

注释

①**慧可第二：**慧可是达磨的嫡传。在此“图”之外还有僧副、昙林等。

②**僧璨第三：**僧璨是慧可的嫡传。在此“图”之外还有化公、廖公、和禅师、僧那、神定、慧布等。

③**弘忍第五：**弘忍是道信的嫡传。在此“图”之外还有玄爽、元一。

④**智嶷第二：**疑为智岩。

⑤**惠能第六：**惠能为弘忍的嫡传。

⑥**章敬禅：**应为章敬怀晖。

⑦**磁州智如：**（公元七二三—八一一年）即法观寺智如和尚，俗姓王。

⑧**华严疏主：**即清凉澄观，宗密的老师。

⑨**益州南印：**即成都府圣寿寺唯忠和尚，俗姓张，号南印。

译文

前面已经谈了各宗传承的大概情况，然而各宗旁正横竖交错，难以记忆，今特绘一图，谨希只要一看便能前后相连而不忘怀。（图附于原典后）

3 各宗的教义

原典

上已叙诸宗师资，今次辨所传言教深浅得失。然禅门之旨在乎内照，非笔可述，非言可宣。言虽不及，犹可强言；笔不可及，直难下笔。今不得已而书，望照之于心，无滞于文矣。

然达磨西来，唯传心法，故自云："我法以心传心，不立文字[①]。"此心是一切众生清净本觉[②]，亦名佛性或云"灵觉"[③]。迷起一切烦恼，烦恼亦不离此心；悟起无边妙用，妙用亦不离此心。妙用、烦恼，功过虽殊；在悟在迷，此心不异。欲求佛道，须悟此心。故历代祖宗唯传此也。然若感应相契，则虽一灯传百千灯[④]，而灯灯无殊。若机教不投，则虽一音演说法，而各各随所解[⑤]。故诸宗异说，过在后人。

今且各叙诸宗，然始判其差当。

注释

①**我法以心传心，不立文字：**这句话在宗密的《圆觉经大疏钞》卷三下中也有。据《血脉论》记载，达磨的原话是："三界兴起，同归一心，以心传心，不立文字。"这句话是八世纪后半九世纪前半禅宗的常用语。

②**本觉：**首见于《大乘起信论》，是中国佛学心性理论的基本思想。吕澂大师说："现在即从《起信论》所说，可以了解中国佛学有关心性的基本思想是：人心为万有的本源，此即所谓'真心'。它的自性'智慧光明'遍照一切，而又'真实识知'，得称'本觉'。"(《试论中国佛学有关心性的基本思想》，载于《吕澂佛学论著选集》卷三，第一四一七页)

③**灵觉：**与本觉同义，宗密多用此概念。他在《圆觉经大疏》卷上说："凡圣灵觉真心，本来清净圆满。"在《原人论》中说："大觉愍之，说一切皆空，又开示灵觉真心，清净全同诸佛。"

④**一灯传百千灯：**《维摩经·菩萨品》："有法门名无尽灯，汝等当学。无尽灯者，譬如一灯然百千灯，冥者

皆明，明终不尽。”

⑤**各各随所解**：《维摩经·佛国品》：“佛以一音演说法，众生随类各得解。”

译文

前面已叙述了各宗师资相传的传承，下面谈谈各宗的思想，以及这些思想的深浅得失。然而禅宗的本旨在于内照，即需要自心体会，并非用笔墨可以写清楚、用语言可以讲明白的。虽然语言讲不明白，但仍然可以强言；笔墨表达不清楚，难以下笔，但为了说明问题，又不得不用笔墨。希望能用心体会，不要执着文字，以免被文字阻塞。

是的，达磨大师从西方来，只传心法，所以他自己说：“我所传的法是以心传心，不立文字。”这个“心”就是众生自身就具有的清净本觉心，这个心也叫“佛性”或叫“灵觉”。这个心在迷误状态，便会生起一切烦恼，所生起的一切烦恼皆不离此心；这个心一旦觉悟，便会产生无边的玄妙作用，所起的玄妙作用也不离此心。妙用和烦恼的功过确实不一样：妙用是悟，烦恼是迷。悟和迷虽都不离此心，但此心本身并不变化。因此要想求得佛道，必须悟解此心。就是说，要使心处于悟的状态。

历代祖师所传的就是这个悟解的心。如果真能做到与悟心相一致，则可以一灯传百灯，百灯传千灯，灯与灯相传之间毫无差别。而根机和缘分若不能与悟心一致，虽然同听一种法，各人理解不同便不能一样，这样诸宗的异说便产生了。所以诸宗的说法不同，过咎乃在于后人。

现在先谈一下各宗的主张，然后再判别其对错。

诸宗的具体主张

原典

北宗意者，众生本有觉性[①]，如镜有明性；烦恼覆之不见，如镜有尘暗。若依师言教，息灭妄念，念尽则心性觉悟，无所不知；如磨拂昏尘，尘尽则镜体明净，无所不照。故彼宗主神秀大师呈五祖偈云：

身是菩提树，心如明镜台，
时时须拂拭，莫使有尘埃。[②]

评曰：此但是染净缘起之相，反流背习之门[③]，而不觉妄念本空，心性本净[④]。悟既未彻，修岂称真？剑南复有净众宗[⑤]旨，与此大同。复有保唐宗[⑥]，所解似同，所修全异。不可繁叙，他日面奉，一一辨之。

注释

①**本有觉性：**即心性本觉。此学说几乎是中国佛学的共同主张。吕澂大师说：“‘真心本觉说’。……一代禅教的各种学说，几乎都和这种思想有关。”（《大乘起信论考证》，载于《吕澂佛学论著选集》卷一页三六七）

②与神秀这首偈直截对立的是惠能的偈：“菩提本无树，明镜亦非台，本来无一物（或佛性常清净），何处惹尘埃？”这两首偈在各本《坛经》中都有，但《神会语录》却未提到，可能是南宗一系后来增补的。虽是增补的，但却各都符合神秀和惠能的基本思想。

③**反流背习之门：**流，流转门，迷误的门径；习，烦恼的异名。北宗主张以渐修的方法去掉烦恼，堵塞通向迷误的门径。

④**心性本净：**吕澂大师说：“心性明净一语通常译作心性本净。”而“心性明净”原为印度佛学的基本思想（参见《试论中国佛学有关心性的基本思想》，载于《吕澂佛学论著选集》卷三页一四一三、一四二三）。心性本净与心性本觉大不相同。而古代佛僧根本未察觉这两者的区别，常混用此二概念。此地的“心性本净”实际上是指的“心性本觉”。

⑤**净众宗：**即净众寺无相（公元六八四—七六二年）

的一系。

⑥**保唐宗：**无住（公元七一四—七七四年）一系。因无住于成都保唐寺弘法，故称此宗为保唐宗。此宗的传承，据《历代法宝记》载，是这样的：弘忍—智诜—处寂—无相—无住。此宗认为达到无念、无心的程度就是佛。所以小注接着说："所解似（与北宗相）同，所修全异。"

译文

北宗

北宗主张众生本来就具有觉性，犹如镜子本来就具有明性一样。可是，众生本有的觉性为什么显现不出来，也不起什么作用呢？这是因为有烦恼覆盖着，就好像明亮的镜子被灰尘覆盖着一样。若按照此宗开宗人说，修行的方法便是息灭妄念（即去掉烦恼），一旦妄念全没有了，本来具有的觉性便显现出来，其作用也会发挥出来，那时就无所不知了。犹如把镜子上的灰尘擦掉，灰尘擦尽，则镜体明净，那时就无所不照了。所以此宗的宗主神秀大师呈五祖偈曰：

身是菩提树，心如明镜台，

时时须拂拭，莫使有尘埃。

评曰：从这首偈可以看出，此宗认为：染是生起一切浊法的原因；净是生起一切净法的原因。所以这一宗把“远离浊流，放弃俗习”作为教授学徒的总纲。但是此宗不懂妄念本来就空，心性本来就净。因此这宗对禅宗义理并未真正理解。按照此宗的教法修习，怎么能得到禅宗的真精神呢？剑南还有净众宗，他们的宗旨与此宗大致相同。还有一宗名保唐宗，此宗的理论看上去好像与北宗相同，但他们的修习却与此宗完全不同。这里不能详叙，他日见面，当一一为您辨明。

原典

洪州意者，起心动念，弹指动目，所作所为，皆是佛性全体之用[①]，更无别用。全体贪嗔痴，造善造恶，受乐受苦，此皆是佛性。如面作种种饮食，一一皆面。意以推求此身四大，骨、肉、喉、舌、牙、齿、眼、耳、手、足，并不能自语言见闻动作。如一念命终，全身都未变坏，即便口不能语，眼不能见，耳不能闻，脚不能行，手不能作，故知能语言动作者，必是佛性。且四大骨肉，一一细推，都不解贪、嗔、烦恼，故知贪、嗔、烦恼并是佛性。佛性体非一切差别种种，而能造作一切差别种种。体非种种者，谓此佛性非圣非凡，非因非果，非善非恶，无色无相，无根无住，乃至无佛无众生也。

能作种种者，谓此性即体之用故，能凡能圣，能因能根，能善能恶，现色现相，能佛能众生，乃至能贪、嗔等。若核其体性，则毕竟不可见，不可证，如眼不自见眼等。若就其应用，即举动运为，一切皆是。更无别法而为能证所证。彼意准《楞伽经》云："如来藏是善不善因，能遍兴造一切趣生，受苦乐，与因俱。"[②]又《佛语心》[③]，《经》云："或有佛刹，扬眉动睛，笑欠謦欬，或动摇等，皆是佛事。"[④]既悟解之理，一切天真自然[⑤]。故所修行，理宜顺此，而乃不起心断恶，亦不起心修道。道即是心，不可将心还修于心。恶亦是心，不可将心还断于心。不断不造，任运自在[⑥]，名为解脱人。无法可拘，无佛可作。犹如虚空，不增不减，何假添补。何以故？心性之外，更无一法可得故。故但任心[⑦]，即为修也。

评曰：此与前宗敌体相返。前则朝暮分别动作，一切皆妄；此则朝暮分别动作，一切皆真。奉问疑其互相诋訾，莫肯会同，且所见如此相违，争不诋訾？若存他则失己，争肯会同？

注释

①**起心动念……皆是佛性全体之用：**马祖道一说：

"着衣吃饭，言谈祇对，六根运用，一切施为，尽是法性。"(《马祖语录》) 从这句话可以看出，洪州宗把人们的一切言、思、行，都说成是佛性（法性）。但他们自宗并未能从理论上讲清人们的一切行为与佛性的关系，是宗密用体用范畴来概括这种关系。（参见《圆觉经大疏钞》卷三之下）

②这句话引自《楞伽经》卷四。原文是："佛告大慧：如来之藏是善不善因，能遍兴造一切趣生。"

③**《佛语心》：**是求那跋陀罗译，四卷《楞伽经》卷一的品名。因为佛所讲的一切皆以"心"为中心，所以用"佛语心"为品名（篇品）。

④**《经》云……皆是佛事：**这句话引自《楞伽经》卷二，但比原文简略。

⑤**天真自然：**"天真"原是道教的神名，这里用作人的本性。人的本性就是佛性，其根本特点是自然、无造作。所以这里把"天真自然"连在一起。

⑥**任运自在：**任运与自然同义；自在，无阻碍。这是说，自身的一切行为皆顺乎自然，因而也不会受到阻碍。

⑦**任心：**任自己的思想自由活动。马祖有一段话表示了"任心"的含义："平常心是道。谓平常心无造作，无是非，无取舍，无断常，无凡无圣。"(《景德传灯录》

卷二十八）

译文

洪州宗

洪州宗主张，随便生起一个念头，任何一个举动，哪怕是弹指动目，所有一切作为，都是佛性的作用。佛性是体，一切作为皆是体的作用。全部贪、嗔、痴，作善、作恶，受苦、享乐，所有这一切都是佛性这个本体的作用。如用面做出的各种饮食，其实都是面。我们可以用我们的心思对我们的身体做一番推究：由四大（地、水、火、风）所组成的骨、肉、喉、舌、齿、眼、耳、手、足等，这一切都不能自己讲、自己看、自己听、自己活动。譬如某人在刹那间死亡，这时全身并无一处变坏，但口已不能说了，眼不能看了，耳不能听了，脚不能走了，手不能动了，这就可以知道，能讲话能活动的必是佛性。而且还可以细推，由四大构成的骨肉，它们都不懂贪、嗔、烦恼是怎么一回事，这就可以知道，贪、嗔、烦恼也都是佛性。佛性是体，这个体本身并无差别，但它却能造出种种差别来。所谓体本身并无差别，是说这个体（佛性）既不是圣也不是凡，既不是因也不是果，既不是善性的也不是恶性的，它没有质碍，没有形相，没有根基，没有住处，乃至没有佛没有众生的差别。

所谓体能造出种种差别来，是说佛性这个体有用（作用）。由于体有作用，所以佛性能使人成为凡夫或使人成为圣人，能成为一切事物的原因和根基，能使人行善或作恶，能显现客观认识对象，能使人成佛或成为众生，乃至能贪、能嗔等等。佛性的本事这么大，可是若推究它的体性，却什么也看不见，也不能证明，犹如眼不能自见、手不能自触一样。可是若从它的作用看，一切作为，它都可以做到。从它有这样的作用就可以知道它确实存在，此外便没有任何别的办法可以证明它的存在了。此宗的这套思想是从《楞伽经》来的。《楞伽经》说："如来藏是善不善因，能遍兴造一切趣生，即能遍兴造轮回的六道，能造苦、造乐，它是产生一切的总根源。"又说："佛所说的一切，就是谈自心。"《楞伽经》还说："从大的方面说，建造佛寺；从小的方面说，扬眉动睛、笑、打呵欠、咳嗽，或任何一个念头，都是符合佛法的。"他们认为既然懂得了这种道理，就应该知道，人们的一切言行思想都是天生自然的表现。所以，修行禅法，就应按照这种道理去修行。因而不必有意地去起心断恶，也不必有意地去起心修道。道就是自己的心，不可用自己的心返回来修自己的心。恶也是自己的心，不可用自己的心返回来断灭自己的心。对自己的心不加干涉，任凭自然。达到这种地步，就叫解脱人。这样，没有任何法规可以约束你，也没有任何佛可去做。就像虚空（太空）一样，不能给它增加什么，也不能给它减少什么。顺其自然就是修道，用不着添补什么。为什么呢？心的本性就是这样，在心之外并无别法。所以，任凭心性自然动作就可以了，这就是修道。

评曰：此宗与前宗（北宗）的主张刚好相反。前宗认为，从早到晚的一切思想和行动都是妄（不实的）；此宗则认为，从早到晚的一切思想和行动都是真（佛性作用）。您（指裴休）曾问我，他们为什么总是互相诋毁，不肯融通，请看，他们的见解如此不一致，怎能不互相诋毁呢？若承认了对方的主张，就必须否定自方，他们怎能会同呢？

原典

牛头宗意者，体诸法如梦，本来无事，心境本寂[①]，非今始空。迷之为有，即见荣、枯、贵、贱等事。事迹既有相违相顺，故生爱恶等情。情生则诸苦所系。梦作梦受，何损何益？有此能了之智，亦如梦心，乃至设有一法过于涅槃，亦如梦如幻②。既达本来无事，理宜丧己忘情。情忘即绝苦因，方度一切苦厄。此以忘情为修也。

评曰：前以念念全真为悟，任心为修；此以本无事为悟，忘情为修。

注释

①**心境本寂**：这是牛头宗的基本看法。牛头宗创始人法融说："境随心灭，心随境无，两处不生，寂静虚明。"(《心铭》)

②**如梦如幻**：幻，用幻术变化出来的事物，不实在。"如梦如幻"是般若经籍常说的。

译文

牛头宗

牛头宗认为，若体会到诸法如梦，便可以知道人们本来就处在不受任何事物约束的自由状态之中，心、境都是寂静的，原本就"空"，并不是现在才空的。可是迷人没体会到这一点，以为心境皆"有"，这就会见到繁荣、枯槁、尊贵、卑贱等等的差别事相。事相一旦出现，有的与自己所希望的相反，有的与自己所希望的相顺，与此同时产生的就是爱或恶等情思。有了情思，就会被各种苦难所系缚。可是，若懂得了这一切都像梦一样，对我们既无损伤也无益处。这就是智慧。有了这种智慧便可以知道，智慧本身也像梦一样不真实，便可以知道哪怕比涅槃这么大的事情还重大的事也不过像梦幻一样不真实。这就能体会到我们本来就处在不受任何事物约束的自由状态之中，有了这种体会，必然能泯绝自己的情思。情思泯绝了，这样便能脱离一切苦难。这一宗以泯绝情思为修行的要点。

评曰：前一宗，即洪州宗，把人们的任何一个念头皆视为真，认为认识到这一点就是悟，随心所欲地讲话做事就是修道；此宗以体会到人们本来就处在不受任何事物约束的状态之中为悟，泯绝情思为修道。

原典

又上三家见解异者，初一切皆妄，次一切皆真，后一切皆无。若就行说者，初伏心灭妄，次信任情性，后休心不起。宗密性好勘会，一一曾参，各搜得旨趣如是。若将此语问彼学人，即皆不招承。问有答空，征空认有，或言俱非，或言皆不可得。修不修等皆类此也。彼意者常恐堕于文字，常怕滞于所得，故随言拂也。有归心学者，方委细教授，令多时观照，熟其行解矣。然每宗复有多种方便，拒于外难，诱于徒属，不可具书，今但罗其意趣，举其宏纲也。

译文

对北宗、洪州宗、牛头宗三宗的总评

上述三家相异的地方是：北宗认为一切皆妄，洪州宗认为一切皆真，牛头宗认为一切皆无。若就这三宗各自的修行来说，北宗要求人们折服自心，去掉自己心上的妄念；洪州宗认为对自己的性情无须拘束，任凭其自然发展；牛头宗则认为要使自心不起任何活动，如同死人。我宗密的个性是喜好勘察，因而对各宗都进行了观察和研究，弄清了他们的宗旨和教义已如上述。可是若把我所理解的东西问他们本宗的学徒，他们是不承认的。你问有，他答空；你问空，他答有；或答非有非无；要么干脆说“一切皆不可得”。问他们怎样修习，他们的回答也是这样的问东答西。他们之所以这样回答问题，是因为怕堕入文字的约束，或堕入有所得之见。所以你问他们，他们就随便用一些不着边际的语言打发你。可是，他们对于那些确有诚意学习他们禅法的学徒，却肯详细

教授，让学员多观察、体味，以便使其能深刻理解本宗教义、熟练掌握修行要点。然而各宗还都有自宗接引学徒的具体方法。为了避免外来的非难，也是为了不至于使学徒们迷惑，这里就不谈这方面的问题了，只能罗列一下他们修行的大致次第，举出他们教旨的大纲。

原典

荷泽宗者，尤难言述，是释迦降出，达磨远来之本意也。将前望此，此乃迥异于前；将此摄前，前即全同于此，故难言也。今强言之，谓诸法如梦，诸圣同说。故妄念本寂，尘境本空。空寂之心，灵知不昧。即此空寂寂知，是前达磨所传空寂心[①]也。任迷任悟，心本自知。不借缘生，不因境起。迷时烦恼亦知,〔知[②]〕非烦恼；悟时神变亦知，知非神变。然“知之一字，众妙之源”[③]，由迷此知，即起我相，计我我所，爱恶自生。随爱恶心，即为善恶。善恶之报，受六道形，世世生生，循环不绝。若得善友开示，顿悟空寂之知。知且无念无形，谁为我相人相？觉诸相空，真心无念。念起即觉，觉之即无。修行妙门，唯在此也。故虽备修万行，唯以无念为宗[④]。但得无念之心，则爱恶自然淡薄，悲智自然增明，罪业自然断除，功行自然精进。于解则见诸相非相，于行则名无修之修。烦恼尽时，生死即绝。生灭灭已，寂照现前。应用无穷，名之为佛。

注释

①**空寂心：**指心上没有妄念，并不是连心也没有。

②**知：**原无此字，据《法集别行录节要并入私记》补出。

③**“知之一字，众妙之源”：**这句话出自澄观的《华严经疏》卷十五。宗密在《圆觉经大疏钞》卷二之下引用了。在《禅源诸诠集都序》和此信（《承袭图》）中作为荷泽宗的基本思想。

④**无念为宗：**《坛经》有此话。荷泽神会尤为强调。无念并不是什么念也没有，而是无妄念。吕澂说：“所谓无念是指无妄念，不是一切念都无。正念是真如之用，就不可无。如果否认了正念，即堕入断灭顽空。”（《中国佛学源流略讲》第二三〇页）

译文

荷泽宗

荷泽宗是很难谈的。此宗的禅法是由达磨传来的释迦正法。用前面说的几宗跟此宗相比，此宗与前几宗迥然不同；而要用此宗包摄前几宗，前几宗则全同于此宗，这就是此宗难谈的原因。既知难谈，还要谈，只好强谈了。“诸法如梦”——这是圣人们的共同说法。所以，妄念（指主观世界里的一切错误东西）和尘境（指客观世界的一切污秽东西）本来也都是空寂的。空寂之心却“灵知不昧”。这个“空寂之心”或“寂知”就是从前达磨所传来的“空寂心”。人们不论在迷还是在悟的时候，这个“空寂心”却总是以“知”为本性而自己存在着。它不需因缘而生，也不因境界而起。人们在迷的阶段，会产生种种烦恼，这些烦恼也不脱离“知”，但烦恼并不是“知”；人们在悟的时候，有一般智慧所不及的神变功能，这神变也不脱离“知”，但神变并不是“知”。的确，“知之一字，众妙之源”。就是说，“知”是一切事物的总根源。这里说的一切事物，既包括物质现象，也包括精神现象；既包括清净事物，也包括杂染事物。由于人们不理解这个“知”，便生起我相，认定有实在的我，有实在的我所有。这样，爱恶之心便自然产生。随着爱恶心的生起，便去做或善或恶的事。不论做善事或做恶事，都必然引来报应，在六道里轮回，世世代代，循环不已。如果得到明白佛理的好朋友指导，即可一下子悟到空寂之知。这时就会明白，“知”本身尚且没有任何妄念，没有任何相状，哪里还会有实我、实众生呢？这就会认识到万相皆空，真心并无妄念。当然有时妄念也会冒出来，但此时已懂得了“知”本空寂的道理，妄念一起便能自觉地发现并能去掉它。修行的妙道，说到底，也就在于此。所以，虽然修行的道路有百千条，但无念却是根本。就是说，最根本的就是要做到无念（即无妄念）。只要彻底消灭妄念，爱恶便自然淡薄，慈悲和智慧便自然增长和明亮，罪业便自然断除，修习禅法便自然会勤奋用心。在个人的理解水平方面自然会有很大程度的提高，这时见到千差万别的诸种相状，便知道它们都不过是非相而已，即都是虚幻不实的。在个人修行方面，这时可以称得上“无修之修”，即虽然在修行，但并不执着。一旦烦恼完全灭尽，便摆脱了生死轮回，脱离了生灭世界，有了空寂的鉴照功能，而且能把这种功能永恒运用下去，这时可以把这种人叫作“佛”了。

4　具体说明各宗深浅得失

原典

上已各叙一宗，今辨明深浅得失。然心贯万法，义味无边。诸教开张，禅宗撮略。撮略者，就法有不变、随缘二义①；就人有顿悟、渐修两门。二义显，即知一藏经论之旨归；两门开，则见一切贤圣之轨辙。达磨深意，实在斯焉。不变随缘者，然象外之理②，直说难证。今以喻为衡镜，定诸宗之是非。便随喻以法合之，随文以注对之。冀法喻一一相照易见也。然初览时，但请且一向读喻，辨本末了，然后却再以注文对辨其理。

注释

①**不变、随缘二义：**不变与随缘是《大乘起信论》

提出来的范畴。不变指真如，随缘指真如随缘成阿梨耶识。不变如水之湿性，随缘如水之波。波浪起伏，湿性不变。所以把真如叫不变，把各种事叫缘。

②**象外之理：**象，原指《周易》的卦象，是表达某种思想的。普通人要靠象来理解某种思想。“象外之理”是普通人所不能理解的理论。僧肇在《般若无知论》中说：“鸠摩罗什者……独拔于言象之表。”言象之表即言象之外。

译文

前面已分别把各宗的传承、教义简略地叙述了，现在再进一步较为详细地谈一下各宗的深浅、得失。然而，心可以贯通万法，即宇宙万有皆系属一心，心的含义太广了，无边无际。所以诸教（除禅宗以外的各宗）都用了广泛的文语、众多的典籍宣讲其义，而禅宗只抓要点。这里只谈禅宗。所谓抓要点，就是只抓两方面：一、就法说，有不变、随缘二义；二、就人说，有顿悟、渐修二门。弄懂了不变、随缘二义，便懂得了全部经论的大意；明白了顿、渐二门，就能知道一切圣贤的行动规范。达磨所传禅法的真意，实际上就是这两方面，即二义和二门。那么不变、随缘到底是什么意思呢？它们是超越世俗的理论。所以只能说出它们的名字，很难从理论上加以论证。现在我想用一个比喻，作为公正的镜子，用它来鉴定诸宗的是非。我的做法是用义理和喻例相配合，用注文和正文相对照。希望我这样把义理和喻例一一对照起来的做法，能便于理解。然而，初读时还是请先读通喻例，弄明白什么是本什么是末，然后再用注文对照喻例，这样来辨明其义理。

以明珠为喻例评说诸宗

原典

如一摩尼珠[①]，一灵心也。唯圆净明，空寂知也。都无一切差别色相。此知本无一切分别，亦无圣凡善恶。以体明故，对外物时，能现一切差别色相。以体知故，对诸缘时，能分别一切是、非、好、恶，乃至经营造作世、出世间种种事数。此是随缘义也。色相自有差别，明珠不曾变易。愚、智、善、恶自有差别，忧、喜、爱、憎自有起灭，能知之心不曾间断。此是不变义也。然珠所现色，虽百千般，今且取与明珠相违者之黑色，以况灵明知见与黑暗无明虽即相违，而是一体。法喻已具。谓如珠现黑色时，彻体全黑，都不见明。灵知之心，在凡夫时，全是迷、愚、贪、爱，都不见如来知见大圆镜智[②]。故经云："身心等相，皆是无明也。"如痴孩子或村野人见之，直是黑珠。迷人但见，定是凡夫[③]。有人语云，此是明珠，灼然不信，却嗔前人，谓为欺诳。任说种种道理，终不听览。宗密频遇如此之类，向道："汝今了了能知见，是佛心。"灼然不信，却云此是诱三婆二妇之言，直不肯照察。但言某乙钝根，实不能入。此是大小乘、法相及人天教[④]中着相之人意见如此。纵有肯信是明珠者，缘自睹其黑，亦谓言被黑色缠裹覆障，拟待磨拭揩洗，去却黑暗，方得明相出现，始名亲见明珠。北宗见解如此。

注释

①**摩尼珠：** 摩尼是Mānī的音译。摩尼珠，是明净有光的珠子，有人称此珠为宝珠。宗密用它喻灵觉真心。

②**大圆镜智：** 即佛智。语出《成唯识论》《佛地经论》等著作中。

③**定是凡夫：** 原文为“定见凡夫”，据《法集别行录并入私记》校改。

④**法相及人天教：** 宗密在《禅源诸诠集都序》中把佛的说教按深浅分为五等。人天教即人天因果教，是最低的；法相即将识破境教，属第三。

译文

北宗

如一颗摩尼宝珠，此喻灵觉真心。又圆又净又明亮。此喻空寂之知。这颗明珠，其色纯一，毫无杂疵。此喻“知”本身没有任何妄念，也没有圣、凡、善、恶的区别。由于明珠的体是明亮的，所以照外物时，能把外物的各种颜色、相状都反映进来。因为“心”的体是“知”，所以在面对各种由因缘而生起的各种事物时，能区分一切是、非、好、恶，也能造作世间和出世间的种种事物。这是“随缘”。被照之物，色相各有不同，可是明珠本身却永不变色。愚、智、善、恶各自不同，忧、喜、爱、憎当然有起有灭，可是能知之心却永恒存在，也不变化。这是“不变”。明珠所显的色，虽有千百种，目前我们先不去管它，只用与明珠截然不同的黑色为例，用它来比喻本心的灵明知见虽与黑暗无明直接相反，但它们的体却是一个。到此，关于法（义理）和喻例已说全了。当明珠全呈现为黑色时，整个明珠全都是黑的，无一处可见到明亮。当人们还处在凡夫阶段的时候，灵知之心完全表现为迷惑、愚痴、贪爱，一点如来知见即大圆镜智也表现不出来。所以经说："身心所显现的一切全是无明。"这在不懂事的幼小孩童或山野村妇看来，这颗珠子完全是黑的，一点明亮也没有。迷人只看到世人的贪爱，认定都是凡夫。有人告诉他们，说这是明珠，他们不但顽固地不肯相信，反而责怪对他们讲实话的人，说是欺骗他们。任凭跟他们怎样解释，他们一点也听不进去。我宗密就常常遇到这样的人。我跟他们说："你自身就有清明能知的本心，即佛心。"他们坚决不信，反而说我的话是诱骗不懂事的老太婆或无文化的家庭妇女上钩的言论。他们根本不肯去做一番观察。说话委婉的人则说：我这个人是笨人，实在理解不了您的话。持这种看法的是大小乘、法相教和人天教中持执着态度的人。纵然有相信此是明珠的，但由于他们亲眼所见的珠子是黑色的，他们也还是说：此明珠已被黑色缠裹覆障，只有经摩擦拂拭，将黑色磨掉后，明亮才能显现。那时他们才说亲见明珠。北宗的看法就是这样的。

原典

复有一类人，指示云："即此黑暗便是明珠。明珠之体，永不可见。欲得识者，即黑便是明珠。乃至即青黄种种皆是。"致令愚者的信此言，专记黑相，或认种种相为明珠。或于异时，见黑棉子珠①、米吹青珠②、碧珠③，乃至赤珠、琥珀、白石英等珠，皆云是摩尼。或于异时见摩尼珠[④]都不对色时，但有明净之相，却不认之。以不见有诸色可识认故，疑恐局于一明珠相故。洪州见解如此也。言愚者，彼宗后学也。异时见黑[illegible]子等者，心涉世间，分别尘境时，见贪、嗔、爱、慢之念也。琥珀石英者，如慈、善、谦、敬之念也。不对色时者，无所念也。但有明净者，了了自知，无念也。疑局者，彼之唯认知，是偏局也。

注释

①**黑[illegible]子珠：**即无患子珠。色黑，常用来做念珠。

②**米吹青珠：**不明。青，蓝色。

③**碧珠：**绿色的珠子。

④“异时见摩尼珠”的“见”原为“是”，据《法集别行录节要并入私记》校改。

译文

洪州宗

还有一种人明确说：“此黑暗本身便是明珠。明珠的本体是永远看不到的。要想看到明珠，只须看此黑暗就可以了，因为此黑暗本身就是明珠。还有的明珠是青的或黄的。此青黄本身就是明珠。”愚蠢的人确实相信了这套言论，于是认定，黑便是明珠，或青、黄便是明珠。有时他们看到黑念珠、米吹青珠、碧珠，乃至赤珠、琥珀珠、白石英珠等，他们认为这些都是摩尼珠。可是，有时他们真的看到任何颜色也没有的摩尼珠，由于这些珠子所显现出来的只有明净光亮，他们反而不敢承认这些珠子是摩尼珠了。之所以如此，是因为他们怀疑：这些珠子任何颜色也没有，只有明亮，仅凭明亮就断定它们是摩尼珠，是不是执取心在作怪？洪州宗的看法就是如此。所谓“愚蠢的人”，指的是洪州宗的后学。所谓“看到黑念珠”指的是：当真心涉及世间，观察尘世时，看出人们的贪、嗔、爱、慢等思想。所谓看到“琥珀珠、白石英珠”，指的是看到慈、善、谦、敬等行为。所谓“看到任何颜色也没有的摩尼珠”，指的是真心处在毫无所念的状态。所谓“只有明净光亮”，指的是清楚明白的自知，即“知”处在无任何妄念的状态。所谓“怀疑”是怀疑：只把“知”当作唯一存在体，这是偏执。

原典

复有一类人，闻说珠中种种色皆是虚空，彻体全空，即计此一颗明珠，都是其空，便云：“都无所得，方是达人；认有一法，便是未了。不悟色相皆空之处乃是不空之珠。”牛头见解如此也。闻说空等者，诸部般若说空之经也。计此一颗等者，计本觉性亦空，无有所认。认有等者，闻说诸法空寂之处，了了能知，是本觉真心，却云不了，不知心体不空。不空者，《涅槃经》说。[①]如瓶空者，谓瓶中无物，名为瓶空，非谓无瓶[②]。言无心者[③]，心之中无分别贪嗔等念，名为心空，非谓无心。言无心者[④]，但为遣却心中烦恼也。故知牛头但遣其非，未显其是。

下皆喻荷泽意。

注释

①**不空者，《涅槃经》说：**不空是《涅槃经》卷五《如来性品》第四之三中的话。《圆觉经大疏钞》卷一之上引了这句话：“解脱者，名曰不空。”

②**瓶中无物，名为瓶空，非谓无瓶：**这句话的大意

出自《涅槃经》卷五《如来性品》第四之三。《圆觉经大疏钞》卷一之上引了这句话的大意："瓶无水，则名为空。……不空者，犹如彼瓶。"

③④**言无心者：**原文为"言无者"，缺"心"字，据《法集别行录节要并入私记》补出。

译文

牛头宗

还有一类人，听说明珠的种种颜色都虚假不真，不但颜色是空，连明珠的体也是空，便执着地认为这颗明珠完全是空，于是说："认为什么都没有的人才是明智的人；只要认为有任何一种东西存在，就是没有觉悟。这是因为他们还不懂得：颜色、相状皆空的地方，正是一般人认为不空之珠。"牛头宗的见解就是这样的。他们所听到的关于"空"的议论，是诸本般若经籍的说法。所谓"执着地认为这颗明珠完全是空"，是说牛头宗人顽固地认为本觉性也空，没有任何东西可以认为是有。所谓"认为有任何一种事物存在，都是没有觉悟"，这是说：听说诸种事物正是在空寂的地方才是清楚明白的知，才是本觉真心。——牛头宗认为这种看法是不觉悟的看法。其实牛头宗不懂得心体并不空。"不空"，这是《涅槃经》的说法。如说瓶空，是说瓶中无物，这才是瓶空的真义，并不是连瓶也没有才叫瓶空。说"无心"，是说心中不起妄念，没有贪、嗔等错误思想，并不是任何心也没有。说"无心"，目的是为了消除心中的烦恼。根据《涅槃经》的上面论述，可以看出，牛头宗只消除了贪、嗔、烦恼等错误思想，但他们并未肯定有本觉真心。

以下的比喻是喻荷泽宗的。

原典

何如直云？唯莹净圆明方是珠体。唯空寂知也。若但说空寂，而不显知，即何异虚空？亦如圆颗莹净之瓷团，虽圆净而无明性，何名摩尼？何能现影？洪州、牛头但说无一物，不显灵知，亦如此也。其黑色乃至一切青黄色等，悉是虚妄。善恶分别，举动运为，如洪州所认起心动念等，即是一切相，此相皆妄。故经云："凡所有相，皆是虚妄。"①当知彼宗认虚妄为真性也。正见黑色时，黑元不黑，但是其明；青元不青，但是其明；乃至赤、白、黄等一切皆然，但是其明。既即于诸色相处，一一但见莹净圆明，即于珠不惑。一切皆空，唯心不变②。迷时亦知，知元不迷。念起亦知，知元无念。乃至哀、乐、喜、怒、爱、恶，一一皆知。知元空寂，空寂而知，即于心性了然不惑。此上皆迥异诸宗也。故初标云："将此望前，此即迥异于前。"③但于珠不惑，则黑既无黑，黑即是明珠，诸色皆尔。即是有无自在，明黑融通，复何碍哉？此同彼二宗也。黑即无黑同牛头。牛头但云一切皆无。黑即是珠已下同洪州。洪州云：一切皆是佛性，凡圣善恶皆无所碍。故初标但云："将此摄前，前即是全同于此。"④

自此已下喻意再将荷泽本宗结束三宗也。若〔不〕认得明珠是能现之体⑤、永无变易，荷泽。但云黑是珠，洪州宗。或拟离黑觅珠，北宗。或言明黑都无者，牛头宗。皆是未见珠也。都结。

注释

①**凡所有相，皆是虚妄：**这一类的话几乎在所有般若经籍中都有。

②**一切皆空，唯心不变：**这里的"心"指的是真心。它不空，也不变易。

③**将此望前，此即迥异于前：**前，指北宗、洪州宗、牛头宗。

④**将此摄前，前即是全同于此：**这里的“前”仅指牛头宗和洪州宗，并不包括（摄）北宗。

⑤**若〔不〕认得明珠是能现之体：**原文缺“不”字，据前后文意补出。

译文

荷泽宗

若用直截了当的语言来说，应该怎样说呢？那就是，只有莹净圆明才是珠体。只有说“空寂之知”才是完整的说法。若只说空寂而不说知，这与说虚空有什么区别？如一个净而又圆的瓷珠，虽是圆的，又是洁净的，但它并没有明性，怎么能把它叫摩尼珠呢？这种东西怎能现影呢？洪州宗和牛头宗只说“没有任何东西”，并不说灵知。这种说法就如同只说了瓷珠一样。珠上的黑色乃至青黄等色，都是虚妄不真的。一切善恶思想，一举一动，即洪州宗所说的起心动念、一切语言思想行动，在荷泽宗看来，都不真实。所以经说：“一切相状，皆是虚妄。”可是洪州宗却把这一切虚妄的东西都看成是真实的。因为当你看到黑的时候，其实黑的本性并不黑，黑的本性是明；青本来不青，其本性也是明；乃至红、白、黄等，其本性都是明。既然能在各种颜色上看到莹净圆明，对明珠就有了正确理解。一切皆空，唯有心不空。人们在迷的时候，知存在着，知本身并不能被迷。妄念生起的时候，知也存在着，知本身并没有妄念。乃至哀、乐、喜、怒、爱、恶，都是在“知”这个本体上生起的，但“知”本身却是空寂的。认识到在空寂的同时还有知，就弄清楚心性的问题了。以上的看法是荷泽宗的，是与其他宗的看法完全不同的。所以在开头时我就说：“用前几宗和此宗来比较，此宗与前几宗完全不一样。”只要对明珠有了正确理解，就是说只要懂得黑本无黑，黑就是明珠，其他颜色也如此，就能明白：有无相通，明黑相通；有无、明黑没有不可逾越的界限。从这一点看，此宗又与洪州、牛头相同。说“黑本无黑”，这与牛头宗相同，因为牛头宗说“一切皆无”。说“黑就是明珠”，这与洪州宗相同。洪州宗说一切皆是佛性，凡、圣、善、恶都是佛性，它们之间并无相碍。所以我在开始时说：“用此宗包摄前几宗，前几宗则全同于此宗。”

下面的喻义是用荷泽宗来总结前三宗。如果〔不〕认为明珠是能现之体、永无变异，荷泽（荷泽认为明珠是能现一切的体，永不变化）。只说黑是珠，洪州宗。或离开黑到别的地方去找珠，北宗。或说连黑也没有，牛头宗。都是不理解明珠。总结。

5 荷泽空寂之知的具体含义

原典

问：据大乘经，及古今诸宗禅门，乃至荷泽所说，理性[①]皆同，云：无生无灭，无为无相，无圣无凡，无是无非，不可证，不可说。[②]今但依此即是，何必要须说灵知耶？

答：此并是遮遣[③]之词，未为显示心体。若不指示现今了了常知不昧是自心者，说何为无为无相等耶？是知诸教只说此知无生灭等也。故荷泽于空、无相处，指示知见，令人认得，便觉自心经生越世，永无间断，乃至成佛也。荷泽又收束无为、无住乃至不可说等种种之言，但云空、寂、知，一切摄尽。空者，空却诸相，犹是遮遣之言。唯寂是实性不变动义，不同空无也。知是当体表显义，不同分别也。唯此方为真心本体。故始自发心，乃至成佛，唯寂唯知，不变不断。但随地位，名义稍殊。谓约了悟时，名为理智。理即寂也，智即知也。约发心修行时，名为止观。止息尘缘，契于寂也。观照性相，冥于知也。约任运成行，名[④]为定慧。因止缘而心定。定者，寂然不变。因观照而发慧。慧者，知无分别也。约烦恼都尽，功行圆满，成佛之时，名为菩提涅槃。菩提，梵语，此翻为觉，即是知也。涅槃，梵语，此翻为寂灭，即是寂也。当知始自发心，乃至毕竟[⑤]，唯寂唯知也。若如二宗，但言空寂无为等者，则阙菩提义也。

注释

①**理性**：即法性，也即佛性。

②**无生无灭……不可说**：这一类语言，在诸部般若类经籍中常常见到。

③**遮遣**：与后面说的表显相对。遮遣是否定的说法；表显是肯定的说法。宗密在《禅源诸诠集都序》卷三中，以盐为例对这对概念做了说明："如说盐，云不淡是遮，云咸是表。说水，云不干是遮，云湿是表。"

④**名**：原文为"多"，据文意改。

⑤**竟**：原文为"意"，据文意改。

译文

问：从法性这方面看，大乘经籍、禅宗古今各派以及荷泽宗的说法都是相同的，都说“无生无灭”“无为无相”“无圣无凡”“无是无非”“不能验证”“不可言说”。只要按这些说法去修习就够了，何必还要说“灵知”呢？

答：上面说的那一切话都是否定性的语言，并不能用它们显示出心的本体来。如果不指出清楚明白不昧的“知”是自心，那就无法说明无为、无相等指的是什么东西的无为无相。这就可以知道，诸教（禅宗以外的各宗）为什么只说这个“知”无生无灭。所以荷泽特地指明“空”“无相”本身就是“知”，即是说，“知”本身就是空的，是无相的。指明这一点，就可以使人们认识到：“自心”世世代代永恒不间断地存在下去，一直到成佛。荷泽又把“无为”“无住”“不可说”等说法加以汇拢，用“空、寂、知”加以包摄。就是说，空、寂、知三字包摄了一切说法。“空”，即空掉诸相状，不过这还是否定性的语言。“寂”，这才是实实在在的存在，不同于空无，是不变的意思。“知”是自身表现自己的意思，与分别（妄念）不同。只有“知”才是真心本体。所以从开始发心到成佛，只有“寂”和“知”不变化不断灭。它们只随着修行的程度不同而名称稍有区别。当大彻大悟的时候，叫作理智。理就是“寂”；智就是“知”。当发心修行的时候，叫作止观。止即是止息尘缘，这与“寂”相契合。观即观照，即认识法性法相，这与“知”相冥合。当修行到能自由自在地认识事物而不被事物所迷惑时，名为定慧。由于止息了引起妄念的浮动思想，从而达到心定。定就是“寂然不变”的意思。由于能观照即能正确认识事物而产生慧。慧就是“知”，这种知是无妄念的。当烦恼灭尽，功德圆满，达到佛境界的时候，这叫菩提涅槃。菩提是梵语，意为觉，觉就是“知”。涅槃也是梵语，意为寂灭，这就是“寂”。应当知道，从最初发心修行到最后得到涅槃，那个阶段都是“寂”和“知”的显现。可是若按洪州和牛头二宗的说法，只说“空寂”“无为”等，就缺少了菩提（知）这一重要内容。

6 荷泽宗与洪州宗的区别

原典

问：洪州亦云灵觉及鉴照等，何异于知？

答：若据多义以显一体，即万法皆是一心，何唯灵觉、鉴照等？今就克体指示，即愚、智、善、恶，乃至禽畜心性皆然，了了常知，异于木石。其觉智等言，即不通一切。谓迷者不觉，愚者无智。心无记①时，即不名鉴照等，岂同心体自然常知？②故华严疏主答顺宗云："无住心体，灵知不昧。③"又云："任运寂知④。"又云："双照寂知⑤。"《华严经》亦拣知与智别⑥。况洪州虽云灵觉，但是标众生有之，如云皆有佛性之言，非的指示。指示则但云能言语等。若细诘之，即云一切假名，无有定法。且统论佛教，有遣显二门⑦。推其实义，有真空妙有。空其本心，具体具用。今洪州、牛头，以拂迹为至极，但得遣教之意、真空之义，唯成其体；失于显教之意、妙有之义，阙其用也。

问：洪州以能语言动作等，显于心性，即当显教，即是其用，何所阙耶？

答：真心本体有二种用：一者自性本用，二者随缘应用。犹如铜镜，铜之质是自性体，铜之明是自性用。明所现影，是随缘用。影即对缘方现，现有千差。明即自性常明。明唯一味，以喻心常寂是自性体，心常知是自性用。此能语言能分别动作等，是随缘应用。今洪州指示能语言等，但是随缘用，阙自性用也。又显教有比量显、现量显。洪州云心体不可指示，但以能语言等验之，知有佛性，是比量显也。荷泽直云心体能知，知即是心。约知以显心，是现量显也。洪州阙此。

注释

①**心无记：**心中无善无恶。

②**即愚智善恶……岂同心体自然常知：**这段话是为了区别“知”与“觉智”。这段话的大意在《禅源诸诠集都序》卷二中也有：“此言知者，不是证知，意说真性不同虚空木石，故云知也。非如缘境分别之识，非如照体

了达之智，直是一真如一性，自然常知。……智与知异，智局于圣，不通于凡，知即凡圣皆有。”

③**无住心体，灵知不昧**：语出澄观（华严疏主）《答顺宗心要法门》。

④**任运寂知**：澄观《答顺宗心要法门》：“若任运寂知，则众行圆起。”

⑤**双照寂知**：澄观《答顺宗心要法门》：“言止则双亡智寂，论观则双照寂知。”

⑥**《华严经》亦拣知与智别**：这是说，《华严经》也把知与智区别开来。《华严经·菩萨问明品》觉首等问文殊师利：“何等是佛境界智？……何等是佛境界知？”文殊师利答“智”曰：“诸佛智自在，三世无所碍。”答“知”曰：“非识所能识（识属分别，知不能由识得知），亦非心境界（不是心的所缘，不可以心缘自心）。其性本清净（宗密注：不待离垢灭惑方净）。”

⑦**遣显二门**：即遮遣门和表显门。

译文

问：洪州宗也说“灵觉”和“鉴照”，这跟荷泽宗说的“知”有什么不同呢？

答：因为一切万有都是心的产物，所以显示心体的有很多名目，并不是仅有“灵觉”“鉴照”等。然而最能显示心体的，应该是一切有情，即愚、智、善、恶等人乃至禽畜在任何时候都具有的。荷泽宗所说的异于木石的、清醒明白的、永恒不变的“知”，就是一切有情在任何时候都具有的。而洪州宗所说的觉、智、鉴照，就不是一切有情在任何时候都具有的。迷误的人不处于觉悟状态，愚笨的人没有智慧。有时心虽照物，但没有善恶之分，这就没有鉴照。这一切怎么能同荷泽宗所说的自然而然的、永恒长存的“知”一样呢？所以《华严经疏》的作者澄观大师答唐顺宗（当时还是太子）问时说：“无住心体，灵知不昧。”（没有执取的心体，总是清醒明白的。）又说：“任运寂知。”（心自由自在地活动，但它却是寂，又是知。）又说：“双照寂知。”（寂能照，知也能照，所以叫双照。这两种照，一是寂而照，一是知而照。）《华严经》也把“知”与“智”区别开来。何况，洪州宗也谈“灵觉”，但又说这是一切众生皆有的，好像人人皆有佛性一样，这种说法并不明确。若请他们详细谈谈，他们说凡能说话能行动的有情皆有灵觉。若再详细问，他们就说一切都是假名，并没有实在的东西。况且，从整体看佛教，佛教无非包括两大门：一是遣门（否定）；二是显门（肯定或表显）。推究佛教真义，无非包括真空与妙有两部分。真空是说真心本空；妙有是说真心虽空，但有玄妙的作用。现如今洪州、牛头二宗把“消除一切迹象”视为最高境界。这只符合遣门（否定）即真心本空的意义。就心体而说，是可以这样说的。但这缺少了显门（肯定）即真心妙有的意义。就是说，洪州、牛头二宗的说法未提到真心有玄妙的作用。

问：洪州宗以有情能说话、能活动来显示心性，这就相当显门（肯定）了。这就是心体的作用。他们缺少什么呢？

答：真心的本体有二种作用：一是自性本用（自身本来就有的作用，实际上就是反映外境的能力）；二是随缘应用（面对外境而产生的作用）。就像铜镜一样，铜镜以铜为质料，这是铜镜的体。铜镜明亮（能照），这是自性本用。铜镜所显现出来的影像是随缘用。铜镜中的影像是面对外境才有的。外境多种多样，影像也就千差万别。影像虽千差万别，铜镜的明亮却永恒长存，而且永无差别。说明亮永无差别，这是荷泽宗用明亮来比喻自心处于“寂”的状态，而这个“寂”是心的自性体。心永远处于“知”（无分别）的状态，这是心体的自性用。能说话，能思考，能动作，则是心体的随缘应用。如今洪州宗说的能说话、能动作等，只是心体的随缘用，他们缺少自性用。再者，显教有比量显（由推理而得知教义）和现量显（由耳闻目睹亲身体察而得知教义）二种。

洪州宗说心体不可言说，只能从人们能语言能活动来推论出人们有佛性，这是比量显。荷泽宗则直截了当地说："心体能知，知即是心。"（心体本身就是清醒明白的，清醒明白就是心。）这是用"知"显"心"。知、心一致，说知也就是说心，说心也就是说知，用不着推理，这是现量显。洪州宗缺少现量显。

7　各宗对顿悟和渐修的看法

原典

已上述不变随缘二义，今次明顿悟、渐修两门者。

然真如之理，尚无佛无众生，况有师资传授？今既自佛已来，祖祖传授，即知约人修证趣入之门也。既就人论，即有迷悟始终凡圣。从迷而悟即顿，转凡成圣即渐[①]。

顿悟者，谓无始迷倒认此四大为身，妄想为心，通认为我。若遇善友为说如上不变、随缘、性、相、体、用之义，忽悟灵灵知见是自真心，心本空寂，无边无相，即是法身，身心不二，是为真我，即与诸佛分毫不殊，故云顿也。此下举喻，便随文注，以法合之。如有大官，佛性。梦迷也。在牢狱，三界。身本识。着枷锁，贪爱。种种忧苦，一切业报。百计求出。问法勤修。遇人唤起，善知识也。忽然觉悟，闻法心开。方见自身法身真我。元在自家。《净名经》云："毕竟空寂舍[②]也。"安乐、寂灭为乐。富贵体上本有河沙功德也。与诸朝寮，都无别异。同诸佛之真性。法合一一如注可知。据此法喻，一一分明，足辨梦悟身心本源虽一，论其相用，倒正悬殊。不可觉来还作梦事，以喻心源虽一，迷悟悬殊。梦时拜相，迷时修得大梵天王等位。不及觉时作尉；悟后初入十信位也。梦得七宝[③]，迷时修无量功德也。不及觉时百钱。悟时持五戒十善。皆以一妄一真，故不可类。诸教皆云，施三千七宝，不如闻一句偈，是此意也。〔今洪州但言贪、嗔、戒、定一种是佛性作用者，阙于拣辨迷悟倒正之用也。彼意在真如心性。〕[④]〔今既有师资传授，即须简辨倒正也。

次明渐修者，虽顿悟法身，真心全同诸佛，而多劫妄执四大为我，习与性成[⑤]，卒难顿除故，须依悟渐修，损之又损，乃至无损，即名成佛，非此心外有佛可成也。然虽渐修，由先已悟烦恼本空心性本净故，于恶断，断而无断；于善修，修而无修，为真修断矣。

问：悟了复修者，据前梦喻，岂不似觉来更求出狱脱枷乎？

答：前但喻顿悟义，不喻渐修义。良由法有无量义，世事唯一义故。《涅槃经》虽唯谈佛性，而八百喻，各有配合，不可乱用。今明渐修喻者，如水被风激，成多波浪，便有漂溺之殃。或阴寒之气结成冰凌，即阻溉涤之用[⑥]。然水之湿性，虽动静凝流而未尝变易。水者，喻真心也；风者，无明也；波浪者，烦恼也；漂溺者，轮回六道也；阴寒之气者，无明贪爱之习也；结成冰凌者，坚执四大双质碍也；即阻溉涤之用者，溉喻雨大法雨，滋润众生，生长道芽；涤喻荡除烦恼。迷皆不能，故云阻也。然水之湿性虽动静凝流而未尝变易者，贪、嗔时亦知，慈济时亦知，忧、喜、哀、乐、变、动未尝不知，故云不变也。今顿悟本心〕⑦常知如不变之湿性，心既无迷，即非无明。如风顿止。悟后自然攀缘渐息，如波浪渐停。以定慧资薰身心，渐渐自在，乃至神变无碍，普利群生，如春阳冰泮，溉灌洗涤，善利万物也。

洪州常云：贪、嗔、慈、善皆是佛性。有何别者？如人但观湿性始终无异，不知济舟覆舟，功过悬殊。故彼宗于顿悟门虽近而未的，于渐修门有误而全乖。牛头以达空故，于顿悟门而半了。以忘情故，于渐修门而无亏。北宗但是渐修，全无顿悟。无顿悟故，修亦非真。荷泽必先顿悟，依悟而修。故经云："若诸菩萨悟净圆觉，悟也。以净觉心，取静为行。由澄诸念，觉识烦动。修也。⑧"

此顿悟渐修之意，备于一藏大乘。而《起信》《圆觉》《华严》是其宗也。若约各为一类之机，善巧方便，广开门户，各各诱引，熏生生之习种，为世世之胜缘，则诸宗所说，亦皆是诸佛之教也。论经诸论具有其文矣。

注释

①**渐：**原文为“顿悟”，据《法集别行录节要并入私记》校改。

②**毕竟空寂舍：**这句话出自《维摩经·佛道品》。原意是：普现色身菩萨问维摩诘的家庭情况，维摩诘却用家庭喻佛法加以回答。如说“智度为母”“方便为父”等。谈到住处时说“毕竟空寂舍”（以空为住宅），意思是以毕竟空寂为房舍。就是说，要像对待房舍一样对待空。空能灭妄想，不可少；房舍能蔽风雨，亦不可少。宗密在这里引用这句话是想说明人们自身就有防御烦恼的能力。

③**七宝：**金、银、琉璃、砗磲、玛瑙、珍珠、玫瑰。

④〔 〕内的三十五个字与此地的上下文全无关系。《法集别行录节要并入私记》无此话，镰田茂雄教授译注的《中华传心地禅门师资承袭图》也没有。可能是把后面的话不完整地误置于此。

⑤**习与性成：**原文为“习与成性”，文意不通。参照镰田茂雄教授的看法校改。习，烦恼。性，本性。尽管烦恼是外在的，并非本性，但时间久了，便具有了“性”的意味。

⑥**溉涤之用：**灌溉和洗涤的作用。

⑦〔 〕内的三百五十九字，原文缺，据知讷《法集别行录节要并入私记》补出。

⑧这句话出自《圆觉经》。原文是：“善男子，若诸菩萨，悟净圆觉，以净觉心取静为行，由澄诸念，觉识烦动。”

译文

前面已阐述了不变和随缘的意义，下面再谈一下顿悟和渐修的问题。

按真如的道理说，佛与众生都有真如，是没有区别的。既然连佛与众生都没有区别，哪里还有什么师资相传的传承呢？然而现实世界中确有祖祖相传的传承。从这个事实可以知道，这是因为修习禅法的是“人”，而不是佛。既然是人，要想成佛就需要有个过程。就是说有一个从迷转悟，从凡到圣的过程。从迷转悟是可以一下子完成的，这叫“顿悟”；从凡夫到圣人却要渐渐修习，这叫“渐修”。

先谈顿悟。由于人们处于迷误颠倒的状态，总把地、水、火、风四大组成的身体误执为真身，把错误的观念、思想误执为真心，还把这两者的和合执为实我。如果遇到明白道理的好朋友加以开导，把前面我们所讲的不变、随缘、性、相、体、用等含义给他们讲清楚，他们一下子就能知道“灵灵知见”（清醒明白）才是自己的真心，此心本来空寂，没有固定的界限，没有任何相状。因为真心与法身本来是同一个体，所以也可以把真心叫法身。这个法身或真心才是真我。真我是自身就有的，是跟诸佛的真我完全一样的。由于这种道理一下子就可以明白，像窗户纸一样，一捅就破，所以把明白这种道理的过程叫“顿悟”。下面我们举个例子说明，在例子下面再加上注文。注文是道理，把道理与例子对照起来体味，就容易明白了。譬如有一个大官，喻佛性。梦佛性处于被烦恼所迷的状态。在牢狱中，处于三界凡世之中。身体此喻真心。被枷锁铐着，贪爱。受种种痛苦折磨，喻受一切业报（报应）。千方百计想逃脱出来。喻向人求法，并勤奋修习。有人把他从梦中唤醒，喻遇到明白佛法的人。忽然醒来，听到佛法以后，明白了道理。这时才知道自身才认识自己本来就有法身或真我。原来在自己家中，《净名经·佛道品》说：“毕竟空寂舍。”（译者注：这句话的原意请看译者注。宗密引用这句话是想说明，自己本来就有的法身或真我完全能够防御烦恼的侵害。）享受着安乐喻处在涅槃境界。和富贵喻自身就具有恒河沙那么多的功德。跟诸位同僚一点儿也没有区别。喻自身也有跟诸佛一样的佛性。用这些注文同譬喻一一对照，就可以明白我所讲的道理。根据以上讲的道理和举的例子，就可以清楚地看出，人们的身心虽然是一个，但在睡梦的时候和在醒着的时候（梦时坐牢，醒时享福）是大不相同的。不可在醒来以后还做梦中之事。这样说是想说明，真心虽然只有一个，但迷时与悟时大不一样，要时刻保持清醒状态。迷、悟犹如梦、醒，睡梦中拜相，糊里糊涂地修行，虽然修得大梵天等位。不如醒着的时候做个小吏；不如觉悟后初入十信位（修行的低级阶段）。睡梦时得七宝，糊里糊涂地修无量功德。不如醒着的时候得到百个小钱。不如觉悟后持五戒十善。之所以有这么大的不同，皆因一是假一是真。很多佛经所说的“施舍如三千大千世界那么多的财宝，不如听信一偈佛语”，就是这个意思。〔如今洪州宗只说贪、嗔、戒、定都是佛性的作用，这就不能区别迷误倒正了。他们这样说的目的是想强调真如本性，但他们这样做，就说明不了真如本性被蒙蔽的状态。〕〔现在既然有了师资相传的正法，就应懂得什么是对的，什么是错的。

下面谈渐修。虽然一下子可以顿悟到自己的法身或真心跟所有的佛都一样，但由于千万年来一直错误地把地、水、火、风四大组成的人体执为“实我”，久而久之成了习性，不可能在短期内把这种妄执完全去掉，需要按照正确的道理渐渐地修习，使错误的认识一天比一天减少，一直减到没有可减的程度，那时候就成佛了，并不是在自心之外有佛可成。不过还要知道，虽然是渐修，也还有个前提，那就是，在修习之前就须懂得烦恼本空心性本净的道理，这样才能断恶，一直断到无恶可断的程度；才能修善，一直修到无善可修的程度。这才叫真修真断。

问：顿悟后还需渐修，据前面所举的梦的比喻看，岂不是从梦中醒来后还要求出狱脱枷吗？

答：前面打的比方只喻顿悟，不喻渐修。只有佛法才有无量无边的含义，世俗事只有一义。拿《涅槃经》来说，虽然只谈佛性，却举了八百个比喻。这八百个比喻各有所用，能跟所要说明的问题一一相配，不可乱用。现在我们谈渐修，想以“水”为喻。如水被暴风吹动，波浪重重，人们有被溺死或漂走的祸殃。或遇到寒冷的天气，水结成冰，这堵塞了灌溉和洗涤的作用。然而，水的本性（即湿性）却不被动、静、凝、流所改变。这里说的水，喻的是真心；风喻的是无明；波浪喻的是烦恼；溺死和漂流喻的是六道轮回；寒冷天气喻的是贪爱等习气；凝结成冰喻的是妄执四大所组成的人身为实我，四大所组成的万有为实物；灌溉喻的是滋润众生长出佛的萌芽；洗涤喻的是洗掉烦恼。可是在迷误的时候，既不能长出佛的萌芽，又不能洗掉烦恼，所以叫“堵塞”。这里说的“水的本性（即湿性）却不被动、静、凝、流所改变”，是说贪、嗔时“知”存在着，慈济时“知”也存在着，忧、喜、哀、乐、变、动，总之，无论在什么时候，“知”都存在着，所以说心性不变。现在既然悟到本心〕常知不变，如水的不变的湿性一样，就可以知道，心不与迷同类，不与无明同类。明白了这些，就如同疾风顿止。但妄念却要渐消，如波浪渐停一样。渐修的方法是用定慧改变自己的认识，长此下去，总有一天会达到心无妄念的时候，甚至还会达到有神变的功能。那时便能普利众生，犹如冬去春来，江河冰融，灌溉土地，洗涤尘埃，普利万物一样。（那时就可以叫作佛了。）

洪州宗常说：贪、嗔、慈、善都是佛性。这种说法的欠缺在什么地方呢？如人只看到水的湿性不变，并不知道水能济舟也能覆舟，功过悬殊。洪州宗就是这样，所以他们所讲的道理，虽然接近顿悟，但并不彻底。至于渐修，他们的看法则完全是错误的。牛头宗对“空”理解得很透彻，所以可以说他们对顿悟已懂得了一半。由于他们主张忘掉一切思想甚至观念，这样的主张对渐修是没有损伤的。北宗只主张渐修，根本不主张顿悟。他们不知道没顿悟的渐修，不是真修，这种修行是白费功的。荷泽宗主张必须先顿悟，然后依顿悟所理解的道理渐渐修习。所以《圆觉经》卷四说：“若诸菩萨悟净圆觉，悟也。以净觉心，取静为行。由澄诸念，觉识烦动。修也。”（这是说，诸菩萨在修行之前，先要知道自己本身就有清净圆觉的心，这是顿悟。然后再用自己本有的清净圆觉的心去克制妄念，使自己思想静下来，这才能去掉杂念。各种杂念都消除以后，还会有烦恼生起，不过此时已清除了杂念，便能发觉并制止任何烦恼的生起。这是渐修。）

顿悟和渐修是所有大乘经论都具有的思想。不过《起信论》《圆觉经》《华严经》的说法是诸经论的根。如果就各本经论都可以适用于一类人来说，当然可以根据不同情况灵活运用，为不同的人讲授不同的经论，最重要的是广开度众生的门路。再者各宗引导学徒时，能令众生生起出世的种子，为世世代代的出世胜缘而努力的话，那各宗所说就都符合佛的教义了。说到这就不再详谈了，诸经论都有明文，照着去做就可以了。

源流

这里所说的源流，主要讲禅家师资的传承和学说发展过程。《承袭图》本身就讲了这两方面的内容，但未必可信，未必准确。所以我们在阐述《承袭图》的源流时，不但要看《承袭图》本身所讲的，同时还有必要辨别一下所谈内容的准确程度，做大量补充是必要的，以便使读者对《承袭图》的源流有比较正确的理解。

禅宗常说："以心传心，不立文字。"照这样说法，禅宗就连一个字的资料也留不下来。事实并非如此，禅宗留下的资料是大量的，问题是哪些可信哪些不可信。老实说，要想百分之百地断定所有资料的真伪是不可能的。不过宗密做学问叙述史实还算严谨，他掌握的资料也多，因而大致可信。但他特别推尊荷泽宗，这就难免偏颇，因此，我们在谈到他的叙述时就不能不尽我们所知予以校正。

由于宗密的叙述大致可信，所以他的《承袭图》的资料常被现代学者引用，如印顺、吕澂、镰田茂雄等著名佛教学者都引用过。

宗密其时，要细分，禅宗有数十家，宗密仅举其中最为主要的五家做了阐述。这五宗是：（一）牛头宗；（二）北宗；（三）南宗；（四）荷泽宗；（五）洪州宗。下面我们就依这个次序简单谈一下这五宗的源流。

牛头宗

宗密时代，牛头宗在全国范围虽不占优势，但在江东一带势力还很大，所以宗密特地把此宗提出来加以评论。

据宗密《承袭图》说，牛头宗的始祖是法融（公元五九四—六五七年）。法融的老师是禅宗四祖道信（公元五八〇—六五一年）。道信许法融为一方禅主。

现代很多学者对此事有疑，认为法融与道信并无关系。根据是，道信许法融自成禅宗一系乃是大事，而这样的大事《续高僧传》竟毫无记载，直到一百年后（约公元七六〇年），李华撰《润州鹤林寺故径山大师碑铭》才第一次提到此事，说法融是道信的高足。事隔一百多年才记述此事，是不能不令人起疑的。此后刘禹锡（公元七七二—八四二年）、李吉甫（公元七五八—八一四年）、白居易（公元七七二—八四六年）也相继在“塔记”“碑铭”中出现类似李华的说法。这么一说，好像法融是道信弟子已是事实。为什么会这样？据现代学者分析，法融原是三论学者，颇有名气，其学说与禅宗本不相同。但到了八世纪，达磨禅势力已相当大，要想在佛教界立足，不打出达磨的招牌是很难推行法事的，在这种情况下，牛头宗才把法融推出来，作为初祖。这样，牛头宗才成为达磨禅了。

关于牛头宗的学说，宗密谈得不多。法融是三论宗学者，三论宗讲空。宗密只在“空”处加个“妙性”，即“本觉真心”，空宗即变成禅宗。

宗密在《承袭图》中对牛头宗的议论几乎全出自他的《圆觉经大疏钞》卷三之下（见《续藏经》第一辑第二编第十四套第三册第二七九页 B），《圆觉经大疏钞》谈得更详细。

北宗

北宗在宗密时候虽有传承，但已没有什么力量，信徒很少。但这一宗在神会时候曾是南宗惠能一系成为正统的最大阻碍。神会把惠能南宗一系树立为达磨禅的正宗曾花费了很大力量。事情虽然过去近百年，但人们心中仍记忆犹新，宗密为了树立荷泽宗的正统地位，有必要在这里特意提出来加以批驳。

据宗密说，神秀是北宗的始祖，是弘忍的门下，弘忍许他为一方祖师，而不能做全国的依归。北宗的主要学说是，承认一切众生皆有本觉的心性。但这个本觉的心性生来就被妄念覆盖着，欲达到最高境界，就要去掉心上的妄念，这叫"拂尘看净"。

宗密对北宗的这些说法几乎完全来自《坛经》和《神会语录》。应当说，这些说法并不完全公平。宗密是看到了净觉的《楞伽师资记》的。那里明确写着神秀是达磨禅法（当时叫"东山法门"）的直接继承人，在他之后又有普寂禅师继之。但宗密并不取这种说法。在宗密时候由于惠能的禅宗已占主导地位，宗密的说法也即成为大众的说法，当时并无人反对。然而从史实角度出发加以探讨，宗密的说法是很有问题的。神秀、弘忍时代，神秀的学问远在他人之上，弘忍理应把东山法门的学说传给他。

再者当时并没有每代只传一人的说法，谁能当宗主，全靠自己的学问。神秀曾被武则天请去，成为"两京法主，三帝门师"。武则天问神秀传的是什么法，神秀说传的是东山之法，即弘忍一系的禅法。据此看来，继承达磨禅法乃至成为弘忍嫡传继承人的应当是神秀一系。至于为什么后来惠能一系倒成了正统，笔者以为，除神会为惠能力争外，更主要的原因恐怕主要是学说内容的关系，即惠能学说为后来大多数人所接受。

宗密对北宗学说的述说基本准确。

南宗

南宗即曹溪惠能宗。因为要与北方以洛阳为中心的神秀一系相对抗，故称南宗。到了宗密那时候，南宗的势力几乎一统天下，正如柳宗元所说："凡言禅皆本曹溪。"（《曹溪第六祖赐谥大鉴禅师碑》）宗密在这一部分中只需简单提一下就可以了，因为人们对南宗的传承和禅法都很熟悉了，但宗密没这样做，而是用了相当长的篇幅写神会。显然其主要目的是力图把已衰微的荷泽神会一系重新树为正统。其例有三。

一、证明神会一入惠能门下即被视为继承人。

说神会十四岁即入惠能门，惠能当即向他提出一个最为核心的问题："什么是性？"神会回答："见即是性。"这个"见"即本觉心，也叫"知"，是心的本性。本觉心是中国人的发明，印度佛学主张心"本寂"或"本净"。

据吕澂大师考证，本觉心是《大乘起信论》提出来的，而《起信论》是中国人伪造的。这个问题当有专题详论，此地从略。神会的回答是对的，但却遭到惠能杖打。神会当即明白，惠能已把自己看成继承人，故以难题考问。这个材料，据宗密说出自《祖宗传记》。这本书年代不详、作者不清，现已不存了。关于神会何时入惠能门下的问题，王维《能禅师碑铭》写得非常清楚：“弟子曰神会，遇师于晚景，闻道于中年。”晚景、中年绝不是十四岁。宗密这样的学者绝不会连《碑铭》都不看，可是他偏要根据一本不太准确的《祖宗传记》叙述，其用心不是很明显吗？

二、证明惠能死后二十年有人撩乱佛法。

“吾（惠能）灭后二十余年，邪法撩乱，惑我宗旨，有人出来，不惜身命，定佛教是非，竖立宗旨。”这里说的有人出来不惜身命，实际上指的就是神会，因神会在惠能死后二十余年去滑台（今河南滑县东）大云寺竭力为惠能争正统。此时北方很有势力的普寂还活着，神会竟敢这样做，可谓不惜身命。这段资料据胡适先生说只在敦煌写本《坛经》里有。

三、证明惠能临终时悬记（预言）或暗示，二十年后出来拯救佛法的是神会。

和尚临终，门人行滔、超俗、法海等问：“和尚法何所付？”和尚云：“所付嘱者，二十年外于北地弘扬。”又问：“谁人？”答云：“若欲知者，大庾岭上以网取之。”（宗密自注：“相传云，岭上者高也。荷泽姓高，故密示耳。”）

宗密把民间传说——大庾岭指神会——也拿来作为证明，可见宗密欲抬高荷泽神会正统地位的心情多么迫切。

《坛经》是禅宗的根本经典，凡南宗一系皆不敢公开反对。但此经为何人所作，至今还不很清楚，不过从上面宗密所举的例子看，可以肯定，《坛经》被神会一系的人改动了。

荷泽宗

此宗指神会一宗。神会于天宝四年（公元七四五年）应兵部侍郎宋鼎之请入洛阳荷泽寺大播惠能禅法，故人们称他为荷泽大师。后来洪州宗建立后，他们也讲惠能禅法，为了与洪州宗相区别，称神会宗为荷泽宗，以表荷泽所讲全是曹溪惠能之法。

惠能圆寂后，神会去北方与神秀一系争正统，大批北宗，说北宗“师承是傍，法门是渐”。当时传承正不正是个很大问题，只要说“师门不正”，信仰的人就少了。神会以“师承是傍”对北宗进行批判还是抓住了要害。用什么来证明师承旁正呢？神会以法衣为证，说弘忍把法衣（袈裟）秘密地传给了惠能。那么为什么不把法衣拿出来做证呢？神会说，惠能指示，法衣只能传到六代，到第七代便应留下来镇山。神会但直指心性，不立文字。而宗密则是个有学问的高僧，他从《尚书》《礼记》等中国古籍中找出了一些牵强附会的理由，如“国立七庙”“七月而葬”“丧服七代”等，来证明法衣依民俗只能传到六代。最后宗密还以德宗皇帝敕神会为七祖作为最有力的证据，证明神会乃是自达磨、弘忍以来的嫡传。

不论怎么说，为南宗惠能一系争得了正统地位的，主要是神会。这是可以肯定的。

关于法门顿渐问题，我想与学说一道谈。

顿渐问题是佛学中的重要问题，也是人们关注的重要问题。惠能禅法之所以能吸引众多人，主要是因为他主张“顿悟成佛”。

顿悟理论应当说是中国人发明的，早在竺道生（公元三五五—四三四年）时代就有了比较明确的提法，但他的顿悟与惠能的顿悟有相同之处，也有很大的不同。道生的顿悟是在对佛法有深刻理解以后才有可能，这是不容易做到的。惠能则主张，人们的自心就是佛，只要认识自心即可成佛。这就简单多了。

在中国起了很大作用的顿悟说，是惠能首创的。惠能文字的表述上，虽不那么丰富，但思想深刻。他的顿悟说是有理论基础的。这个理论基础就是“心性本觉”。惠能非常重视此说，王维在《能禅师碑铭》里特别提了进去，说惠能要人们时刻注意、认识“本觉超于三世”，即心性本性是觉悟的。既然心性本觉，成佛就很容易了，一经善友开导便能立即觉悟。这样，顿悟就成为可能了。北宋神秀一系虽然也主张“心性本觉”，可是他们并未将此发挥为顿悟理论。这是北宗后来不受人们欢迎的重要原因之一。

前面提到，据吕澂大师考证，“心性本觉”首先是由《大乘起信论》提出来的。《起信论》约伪造于陈末隋初。据笔者所搜集的资料看，早在萧梁时期，沈绩给武帝的《立神明成佛义记》作的序中就曾说：如于佛法不能正确理解，便会“使天然觉性，自没浮谈”（《四部备要》本《弘明集》卷九页七十三上）。这里说的天然觉性与心性本觉就相去不远了。不过当时心性问题，还讨论得不深入，尤其是人们还被印度的“心性本净”所束缚，沈绩提出的“天然觉性”这一重要范畴便被人们忽略过去。

“本觉”这一概念提出后，除对禅宗起了决定性的作用外，吕澂大师还坚定地认为：“一代禅教的各种学说，几乎都和这样的思想（心性本觉——引者注）有关。”（《大乘起信论考证》，山西人民出版社，一九六一年，《中国哲学史论》页三一八）事实确实如此。有机会另撰文分析。

洪州宗

1 传承源流

洪州宗是从南岳怀让（公元六七七—七四四年）一系传下来的。怀让曾跟老安学禅，后来才投到惠能门下。古本《坛经》里没有他的名字，后出的《坛经》才出现。怀让本人未立门户，他的弟子马祖道一（公元七〇九—七八八年）活动积极，辗转在洪州、钟陵（南昌附近）一带宣传禅法，影响很大，创立了洪州派。到百丈怀海（公元七二〇—八一四年）后，势力越来越大，终于形成洪州宗，把荷泽、牛头等宗都压了下去。当时的人都看出这种情景，而且很多人把洪州宗树为正宗。宗密自然也看出来，他是想把洪州宗压下去，所以他只承认怀让是惠能的门下，但说他是“傍出的派徒”。

2　学说源流

洪州宗后来之所以得到广泛流传，其主要原因就是因为他们所发挥了的惠能学说（洪州宗学说）更适合群众需要。不过洪州宗自己并未留下什么著作，洪州宗自己的说法比较零散，宗密在《承袭图》中对洪州宗学说做的简要说明倒是切中了要害。

禅宗的核心学说是心性理论，即都主张“心性本觉”。对于这个范畴，各宗的理解和运用是很不相同的。不过洪州宗做得最为激烈，把它推向顶端。他们认为，心性既然本觉，那就不需要修习，也不需要明人指导，人们生来本应就是佛。他们用中国固有的体用范畴来解释人心和身、口、意等一切行动。说本觉心即佛性，这是体；由此产生的身、口、意一切活动都是用。因此，人们做善事是佛性之用，做恶事也是佛性之用，甚至传统佛教中最反对的贪、嗔、痴三毒也是佛性之用。既然都是佛性之用，那就都符合佛法。马祖道一把这种理论概括为“平常心是道”。这就是说，无造作的自然想来都是道。这套理论后来广为流传，发展到后来，有人竟然认为，诃佛骂祖、撕毁佛像，甚至违犯国法也成为佛性的表现了。这是宗密反对的。

宗密写《承袭图》的主要目的就是想重振荷泽，分析洪州。他认为，洪州宗的理论基础也是“心性本觉”，不过对“本觉”做了夸大而已。因此，要想褒荷析洪必须在理论基础上下功夫。当时，“本觉”已为众多人所接受，而且各都自有解释。宗密要想改变人们的长期形成的观念，还得弄出些新说法才行。宗密从《华严经·问明品》中找到一个“知”字，于是便在这个字上发明新义，并说这个“知”就是神会透露出来的。神会非常重视这个“知”，所谓“知之一字，众妙之门”。下面我们就看看宗密是怎样说明这个“知”的来龙去脉的。

宗密说，这个“知”字，从达磨时代就默传下来，不过未明说而已。到神会时不同了，正宗禅法已被扰乱，又想到达磨预言六代以后命如悬丝，此时必须把“知”字明讲出来，以为拨乱反正的标准。那么“知”是什么呢？宗密解释说，就是不同于虚空木石的“知”，相当于现代人所常用的知觉。这是人人都有的。但宗密特别强调它跟“智”不同。“知”凡人圣人皆有，而“智”则唯有圣人才有。我们知道，“智”跟“觉”相去不远，但宗密却回避了流行的“觉”字。宗密还对“知”的地位做了充分的说明，说“知”是心体，是真如本体，是如来藏。宗密还特意指出，不能认为人人有“知”，就生来是佛。这么一解释，大有利于荷泽，因为荷泽主张，人虽有本觉的天性，但并不是生来便是佛，想成佛还需善友开导。人人虽都有“知”，但这个“知”像真如一样，它只是成佛的可能性。这样，在宗密看来，洪州宗的任何行为都是佛性的作用就有些空洞了。

宗密在佛教理论上确有新贡献，他提出的这个“知”字就是其一。可惜他这一套在佛教内部并未引起多大回响，而在儒学中却产生相当大的影响。正如吕澂大师所说:“禅宗的思想（主要指宗密提出的‘知’）对于后来中国的理学和心学都有影响，而影响的重点就在于这个以知为心体上。”（《中国佛学源流略讲》，中华书局版，第二三三页）

宗密提出“知”字，但他毕竟还未来得及做出详尽的界说。他说“心”就是“知”，但有时又在“知”前加上个“灵”字，这就成为“灵知”，又有时说“灵知不昧”，这就又像把“知”与“觉”合起来了。宗密自己的说法尚且不稳定，后人理解起来就不能不仁者见仁、智者见智了。但大哲学家还是可以从中取其精华为自己所用的。如宋代大理学家朱熹就常说：“人心之灵，莫不有知。”（《朱子语类》卷十五）其实这句话的真实意思是:“人心至灵，莫不能自知。”朱熹哲学的最高范畴是“理”。就是说，人心能够自己知道“理”。这层意思在他的另一句话中得到验证：“心者，人之神明，所以具众理，而应万事者也。”（同上，卷五）这就是说，神明的自心就天然具众理。这就把宗密的“知”与佛家的“本觉”连成一体地运用了。

《承袭图》里所提出的“知”和“本觉”等概念，宋元明时期很多哲学家乐于运用。为什么？究其缘由，这些概念原本就出自中国学说。就是说，“知”“本觉”不是印度概念，而是中国人的概念，所以中国儒家用起来得心应手。孟子就说“良知”“良能”。所谓“良知”“良能”都是不用学习就能知能能的。孟子的“尽心知性”这句话最具有代表意义，只要尽心就可以知性，而知性便达到最高境界。孟子的话跟“知”“本觉”很相近，可以说是佛家概念的胚胎。

解说

我国历史悠久，遗产丰富，五千年来留下无数极其有价值的文化遗产。这不但使我们中国自己感到自豪，也为世界文化界所尊重。“温故而知新”，我们了解古代文化，主要目的是为了汲取对今天有用的东西。可是，中国的古籍卷帙浩瀚，任何人都不可能卒读，只能选择那些有相应价值、对自己有用处且是急需的著作。笔者以为《承袭图》就是一部有价值有用的书。宗密是个杰出的学者，精通儒、释、道三家之学，是中国佛教达到顶峰时期的最高代表者。他的《承袭图》就是一部很有价值的书，不能简单地把它看成是一本佛学专著，而应视为远远超出宗教范围的著名哲学著作。笔者以为，熟读此书，深究其含义，不管信不信宗教，都会得到不少的收益。那么，本书都说明了什么问题？能给人们以什么启发？笔者以为有以下几点。

指出了“心”的本质和能力

在人这个有机整体上，起最主要作用的应该是“心”。这颗心能进行思维，而思维水平能否提高，直接关乎人类社会发展，当前全世界都在重视这个问题的研究探讨，有的从哲学角度，有的从生理角度等等，收到很大的成绩。现在我们看看宗密是怎样对待这个问题的。

我国早在齐梁时期，范缜就基本正确地指出“心”是思维器官，但并未指出思维能力究竟有多大。宗密未明说“心”是思维器官，但对心的本质和心的能力却做了说明。

首先说心的本质。这个心（宗密叫“知”）是人人都有的，不论凡夫和圣人，都有，这样他就把人和普通动物区别开来。那么有什么作用呢？宗密第一次提出“知（心）之一字，众妙之门”。这就是说，人心是做一切事情的基础。

其次说心的能力。思维有多大能力？可以说没有极限。就是说，合乎逻辑的思维能力越来越大，不可能有停止不前的时候。当然，想到的事情未必做得到，但只要思维合理，总有一天能做到。这就是说，人们的思维能力无穷，人们所能达到的成就也无穷。宗密是个虔诚的佛教徒，他自然要把最高境界（或成果）看成是成佛。怎样才能成佛？宗密说，要去掉"知"（心）上面的迷误，然后才能成佛。要把宗密的成佛道路运用到解决世俗问题上来，那就是，先要在思想上有了明确认识以后，重大成果才能创造出来。这个看法也接近真理。成佛以后又怎样呢？那就"应用无穷"了。所谓"应用无穷"，就是什么事情都可以做得成。看来，宗密对人心的能力的看法是接近真理的。但他未看到，即使有了正确认识，要想使认识变成现实也是困难的，有时甚至是十分困难的。这是宗密的不足，但他比较恰当地提高了人心的能力确是事实。

提出比较正确的宗教修行方法

宗密在《承袭图》里提到五家，其实修行方法只谈了四家。当时各家都有自宗的修行方法。宗密虽然推尊荷泽宗，但对此宗的修行方法并不满意。他觉得荷泽宗的修行方法来得太简单，而且也不利于救度众生。照荷泽的修行方法，只要去掉"妄念"就可成正觉，就像快刀斩乱麻一样，利刀一砍，乱麻即断。北宗的修行方法，他也反对。北宗主张"无念"，但他们的"无念"是把所有的念都去掉，连正确的念也去掉，佛教把这种方法叫“断灭取空”。既然连正确的念也没有了，佛教还有什么用处呢？宗密最反对的是洪州宗的修行方法。因为此宗根本不主张修行，他们认为人们生来就具有佛性。宗密的修行方法是，留正念，去妄念。先下这道功夫，以后还要进一步下功夫，一是去烦恼，二是修功德。下了这两番功夫以后才能成佛。

现在看来，宗密的方法是对的。因为佛教的主要目的是成佛，而成佛又不仅仅是为了自己，还要救度众生。宗密的修功德就包括了救度众生和各种善事。只有这样的佛教才对社会有益。笔者以为，宗密的修行方法不但佛教能用得上，就是其他宗教也可以用。既利己又利人，为社会做贡献的修行方法，是任何宗教徒都应奉行的善行为。

对中国哲学“知”这个概念做出了新解释，并起了承上启下的作用

这是个大问题，所以我们从不同角度在前面《源流》里谈了一部分，还有必要在此谈另一部分，希望读者参照这两部分，既可窥其全豹，又能看到其细致的彩斑。

首先还是从“心性本净”与“心性本觉”谈起吧。印度佛教自释迦创宗到玄奘归国已历经一千二百多年，除了释迦本身是佛以外，其他千佛、万佛皆各有修证与因地，而龙树、无著、世亲这样划时代的人物也被推尊为菩萨。中国的禅宗就更宽阔了，特别是洪州宗，在他们眼里，一切众生都是佛。佛法是可以由心念修行而随缘自在。印度讲“本净”，既然是本净，要觉悟到佛的程度就需积年累月的修习了。洪州宗讲“本觉”，故众生生来就具有佛性，这样，佛法就能因地、因缘、因心而修行而得道了。

唐武宗于公元八四五年废佛，宗密圆寂于公元八四一年，他未亲睹废佛，但凭他的敏感，已觉察到这样下去不行，所以他花费了很大精力搜集当时禅宗资料，加以研究，编著巨著《禅源诸诠集》百卷（已佚）。其目的是想了解禅宗，整顿禅宗。但他的目的未达到，可是他所提出来的理论却远远超出他原来的设想。这就是，他对本觉做了新解释，改造了“知”字，这就使中国固有的“知”和宋明以后的“知”连接起来。所以说，宗密对中国固有哲学的“知”这一核心概念的发展，起了承上启下的作用。

在孟子那里，“知”只有观念上的意义，而宗密的“知”则包括观念上的意义，也包括肉体心的意义。所谓观念上的意义，指的是“神明”和“本觉”。像朱熹、陆象山、王阳明这样的大哲学家都能善解其意而灵活运用。

朱熹要人们知“理”。人们能不能做到呢？有了这个“知”，第一，人不同禽兽，有思维能力，可以接受教育；第二，有知就有觉，天性可以知“理”。陆象山的弟子杨慈湖走得就远了。他在《绝四句》中说：“人心自明……不由外得……自神自明。”这与佛家的本觉如出一辙。到王阳明时代又有新提法。当时，《圆觉经》广传，想必他可能读过，他也可能吸收了其中一些思想。王阳明又恢复了先秦“良知”这一词汇，并加了个“致”字，构成“致良知”这一著名命题。他一方面强调人人都有“良知”；另一方面更强调“致”，就是要躬行实践，亲自去做，要不做，就不可能成为圣人。

宋明理学之所以成为官方哲学，清代仍沿用，是与宗密的努力分不开的。宗密在反复说明“知”的时候，常常说，“知”是成佛的基础。人们的“知”之所以不起作用是因为有烦恼，用宋明的话说，就是还有“人欲”，宗密主张渐去烦恼，烦恼尽，方可成佛。这给宋明理学的“存天理，灭人欲”提供了重要参考。

提供了写通俗读物的比较好的范例

中国人的历史书相当多，写的方法也不可胜举。中国的古老文化又相当丰富，可是有人读起来很吃力，特别是那些想扼要了解各方面知识的人，找一本好读的书实在不容易。宗密的《承袭图》具备四个特点：一、简短；二、通俗；三、准确；四、抓住了要害问题。

首先看是否简短。当时流传的禅家要细分，可说成千上百。宗密只写了五家。那么多事情，又是传承，又是历史，仅这五家，作者只要笔上稍有鬆驰，几十卷的巨著就出来了。宗密只写了一卷，不过几千字，禅家最主要的传承和学说便跃然纸上。这是需要有高度概括能力和渊博知识的。

其次，再从通俗角度看。《承袭图》用的是古汉语，其中也夹杂了一些当时的白话文，这在当时来说是相当易懂了。特别应当指出的是，宗密还特意以宝珠为例说明理论问题。用例子来说明难懂的问题是中国人写文章常用的。宗密用多色宝珠说明各家学说极其得当。宗密还把传承与学说分开讲，这就更清楚了。《承袭图》本是写给裴休的信，宰相裴休的文底可想而知，但宗密偏要这样写，可见他是想把这封信公之于大众，让那些文化不高的人也能读。

像宗密这样写通俗作品，今人可作参考。

再次，宗密写的传承和学说，现在看来，基本可靠，宗密毕竟是在学业上有高深造诣的高僧，又是朝廷重视的人物，他是不能像那些不负责的流亡僧人那样杂说乱讲的，一般都有所本。但他的倾向性也很大，故意抬高荷泽贬低洪州的地方也是有的，但很多现在也都能分辨出来。总的说还是本比较可信的书，所以现代许多著名佛学家都把《承袭图》作为经典引用。

最后，抓住了关键问题。禅家多，说法也多。但哪些有影响，哪些无影响，这就要由作者判断。宗密评析了洪州宗，这是因为当时影响最大的就是此宗，而且宗密认为紊乱禅法的也是此家。这就抓住了关键。当时与洪州势力差不太多的还有青原行思一系。但宗密只字未提，这是因为此宗的理论与洪州相差不多，析评了洪州，也就是析评了青原的理论，所以略而不谈。

提出一些不太重要的学说

有两点：

第一，关于体用学说。

体用学说原是中国固有的。佛教传入中国后，中国人也用到佛教里。中国的体用讲“体用一如”，宗密在这方面做了一点新解。宗密说，真如本体应具有“自性用”和“随缘用”，这样的理论才能成立。譬如铜镜，有体有用。体是一，这就是铜镜本身。用则有二：一是自性用，自性用是说铜镜本身放在那里不用它，它自己也能发光，这是自性用；二是随缘用，就是说铜镜照物时，随外物而显现各种图像。洪州宗的所谓语言动作都是有所对而有的，这是随缘用，缺自性用（自己发光），不能成立。

第二，关于比量现量问题。

唯识学说传入中国后，现量、比量曾一度成为热门话题。不过唯识宗衰微后，这个问题也就不大谈了。宗密为了驳倒洪州宗，把这个老问题也搬出来。比量知识是由推理得到的，现量知识是人们靠感觉得到的。宗密说，作为显教（要招揽信众），就得具备比量显和现量显两种。宗密说，洪州宗仅仅推知人人有佛性，这是比量显，他们并不能把现实存在的佛推给人们看，缺现量显，不能成立。

以上两个问题，在当时巨大禅风中是没有多少人去推敲的。不过从宗密写这两个问题可以看出，像宗密这样一个有巨大成就的佛教学家甚至也可以说是哲学家，也相当注意这类细腻问题，一丝不苟地做学问。说明有成就的学者也不能忽视小问题。宗密的博才多识就是他这样一点一滴积累起来的。

顺便提到,《承袭图》本是宗密写给裴休的信，后来未见公布，却传到日本和朝鲜。这可能是《承袭图》并不被当时的禅宗所欢迎，后又逢法难，就传到外国去了。外国人倒很重视，公元一二〇九年朝鲜最著名的高僧知讷（牧牛子）特意著《法集别行录节要并入私记》评注此书。后又有人给《私记》做解释。《承袭图》虽未得传，但其中的思想在宗密的《圆觉经》注疏里已基本有了。所以，宗密的这套理论，中国人也是可以得知的。

附录

无心与观心——南能北秀之分化

（摘录佛光出版社《中国佛学研究论文大系14——禅宗思想的形成与发展》）

洪修平撰

弘忍以后，禅宗得到了进一步的发展。弘忍门下“堪为人师”者皆分头弘化，大江南北遍布禅者之足迹。随着因人因地而传的禅法所出现的差异，各家争法统、争权势的斗争也日趋激烈。特别是以惠能派嫡传自居的神会北上入洛发起对神秀北宗的挑战以后，禅门的旁正之争便主要在南能北秀这两系之间进行，并发展到两系门下“相见如仇雠”的地步。以神秀为代表的“北宗”与以惠能为代表的“南宗”成为中国禅宗的两大基本派别。

由于神秀北宗更多地秉承了东山法门“观心”“守心”的渐修禅法，而惠能南宗则倡导直了心性、顿悟成佛的简便法门，因而南宗禅吸引了更多的信徒，得到了更大的发展。特别是南宗禅保持了道信以来山林佛教的禅风，受王室政治的影响较小，在日后的发展中，门下又流出了江西马祖与湖南石头两大系，并递嬗演变而成五家七宗，在全国形成巨大规模，乃至天下“凡言禅，皆本曹溪”，成为中国禅宗的主流，其影响所及远非神秀北宗所能比拟。惠能禅特点的形成实与江南牛头系禅法有着密切的联系。因此，本章先探牛头禅法的主要特点，次叙南北禅宗对峙的形成，最后，对以神秀为代表的北宗禅法做一概要的分析，以求对中国禅宗的分化演变，以及南北禅法的特点及其形成有个大致的了解。

第一节　心境本寂、绝观忘守

按照禅门的通说，法融（公元五九四—六五七年）为四祖道信门下旁出，受道信印可而别开牛头禅一支，身当初祖，传法六代，这种说法主要依据的是宗密所说。宗密在《圆觉经大疏钞》卷三之下中略述禅宗七家义时说：

有本无事而忘情者，第五家也。即四祖下分出也。其先即牛头法融大师，是五祖忍大师同学。四祖委嘱忍大师继代之后，方与融相见。融通[①]性高简，神慧灵利，久精般若空宗，于一切法，已无计着。后遇四祖，于方空无相体，显出绝待灵心本觉，故不俟久学，便悟解洞明。四祖语曰：此法从上一代，只委一人，吾已有嗣，汝[2]可自建立。融遂于牛头山，息缘忘情，修无相理，当第一祖。智岩[3]第二，慧方第三，法持第四，智威第五，慧忠第六。智威弟子润州鹤林寺马素和上，素弟子径山[4]道钦和上，相袭传此宗旨。[5]

对于这种说法，近代学者颇多怀疑。问题主要有两个，一是六代传法的世系，二是道信与法融之间的传授问题。考之于早期的史籍记载，这两个问题确实不无可疑之处。

关于六代相传的世系与道信对法融的印证，在宗密以前就有着不同的记载。现存最早的说法见之于李华所撰的《润州鹤林寺故径山大师碑铭》（作于天宝十一年，即公元七五二年），其中说道："大师延陵马氏，讳元素。……入南牛头山，事威大师。……初，达磨祖师传法三世至信大师，信门人达者曰融大师，居牛头山，得自然智慧。信大师就而证之，且曰：七佛教戒诸三昧门，语有差别，义无差别。群生根器，各各不同。唯最上乘，摄而归一。凉风既至，百实皆成。汝能总持，吾亦随喜。由是无上觉路，分为此宗。……融授岩大师，岩授方大师，方授持大师，持授威大师，凡七世矣。"[6]这是以法融—智岩—慧方—法持—智威—玄素为六代传承，而对于道信与法融相遇的时间则没有提及。刘禹锡所撰的《牛头山第一祖融大师新塔记》（约作于太和三年，即公元八二九年）中所列的传承次第与此稍有不同，并把道信会法融的时间明确记为“贞观中”：“达磨……东来中华，华人奉之为第一祖。又三传至双峰信公，双峰广其道而歧之。一为东山宗，能、秀、寂其后也；一为牛头宗，岩、持、威、鹤林、径山其后也。……贞观中，双峰过江望牛头，顿锡曰：此山有道气，宜有得之者。乃东，果与大师相遇，性合神契，至于无言，同跻智地，密付真印。”[⑦]这里所列的六代传承中没有慧方，而在鹤林智威之后，加上了径山道钦。《景德传灯录》卷四《法融传》承袭了这里“贞观中”的说法，说法融“入牛头山幽栖寺北岩之石室，有百鸟衔华之异。唐贞观中，四祖遥观气象，知彼山有奇异之人，乃躬自寻访”[⑧]。但在卷三《道信传》中却又说道信于“武德中”游庐山而见到牛头山有“紫云如盖，下有白气，横分六道”之异[⑨]。以上这种种不同的说法均于法融去世百年之后才出现，且不乏夸张的成分，而在道宣的《续高僧传》中却完全见不到这类记载。因此，这些说法的可靠性就很成问题了。

道宣在《续高僧传》中为道信、法融和智岩分别作了传[⑩]，特别是对法融的事迹做了比较详细的记述。这是现存关于法融的最早资料。道宣在传中不但没有提到法融受道信印可并创牛头宗的事，而且也没有说到法融与智岩之间有任何传授关系。由于道宣与道信、法融、智岩（公元五七七—六五四年）等均为同时代人[11]，因此，他的记载应该具有一定的权威性。当然，从法融与智岩晚年均在建业（今南京）弘化的情况来看，并不能排除他们之间有传授的可能性。再从道信在双峰山三十年，“诸州学道，无远不至”[12]，成为当时禅学的中心，而法融门下也曾有“息心之众，百有余人”[13]，在建初寺讲《大品》时甚至有“僧众千人”等情况来看，道信与法融相遇也不是没有可能。但是，如果联系牛头宗至慧忠（公元六八二—七六九年）[14]、玄素（公元六六八—七五二年）[15]之时才勃兴以及各种传说均于此时才出现的事实来看，与其说道信印可法融及牛头六代传法为确有其事，不如说这些都是后世禅者的编造或“追认”。

然而，对于我们来说，重要的问题并不在于牛头六代传法是否可靠，道信印可法融是否真实，而在于这些说法为后世禅者津津乐道说明了什么。我们特别感兴趣的是牛头宗旁出于达磨系这一说法究竟说明了什么。因为禅者一向重师承，为了抬高自己而追祖认师，以示自己受真传、得正法，这比较好理解。而达磨系旁出一支的说法则反映了禅宗内部的分化、发展与演变，因而值得做些探讨。

根据现有资料来看，法融的禅法当出自江南盛行的般若三论系（详下），这与达磨系自僧璨、道信以来南下流传发展的趋势是有相吻合之处的，特别是与惠能南宗禅的思想有很多相一致之处。达磨禅系的活动区域自南移以后，与南方般若三论系的禅法接触的机会也多了起来。[16]例如法持（公元六三五—七〇二年）就曾“游黄梅忍大师座下，闻法心开”[17]，智岩（公元五七七—六五四年）[18]在舒州皖公山从宝月禅师出家修学多年，也会有机会通过宝月而与僧璨有接触。[19]中唐以后，禅宗有了很大的发展，继神秀北宗盛行中原以后，神会又大弘曹溪门风，接下来又有江西马祖大兴。在东山门下各系争法统定传承之时，而出现牛头宗的传法世系也就是很自然的事了。当时禅宗各系普遍以传达磨禅之正宗而自诩，在此时代风尚下，牛头宗也需要借助于当时已成定说的达磨系传承来抬高自己，而在南方流传的惠能禅宗由于更多地融合吸收了般若三论系的思想与方法，也有必要把这种思想说为是得到了祖师的“印可”，以便名正言顺地引用发挥，并可据此而更好地与继续坚持《楞伽经》传授的神秀北宗禅相对抗。这样，法融受到了道信的传授或者道信印可了法融的般若见解，这种说法便应运而生了。在牛头系与达磨系之间已经有过的一些交往联系也正好为这种说法创造了条件。随着达磨系禅一统天下禅门局面的形成，牛头宗为“庶出”“傍门”的说法也就突出了出来，乃至宋赞宁在《宋高僧传》中明确地说：“及法融化金陵牛头山，贻厥孙谋至于慧忠，凡六人号牛头六祖，此则四祖法又分枝矣。然融望忍则庶孽耳，安可匹嫡乎？”[20]

尽管人们对牛头法融出自道信门下存有怀疑，但法融的禅法思想对惠能南宗的形成与发展发生过重大影响，这却是历史的事实。因此，研究法融为代表的牛头禅法对于理解南能北秀的分化以及惠能禅的思想特点都是有重要意义的。

关于牛头禅法的特点，宗密在《禅门师资承袭图》中曾做过概括，认为它是“以本无事为悟，忘情为修”，他说：

> 牛头宗意者，体诸法如梦，本来无事，心境本寂，非今始空。迷之为有，即见荣枯贵贱等事。事迹既有，相违相顺，故生爱恶等情。情生则诸苦所系，梦作梦受，何损何益？有此能了之智，亦如梦心。乃至设有一法过于涅槃，亦如梦如幻。既达本来无事，理宜丧己忘情。情忘即绝苦因，方度一切苦厄。此以忘情为修也。[21]

按照宗密所记，牛头宗的禅法显然是以般若三论的无所得思想为依据的。心境本来空寂，万法如梦如幻，这正是大乘般若学的一个基本思想。《般若经》中反复强调说："一切诸法无所有"[22]，"诸法皆空，如梦如幻，如炎如响，如影如化"[23]，"涅槃亦如幻如梦，若当有法胜于涅槃者，我说亦复如幻如梦"[24]。从这种思想出发，法融便认为执着有为迷，本无事为悟。迷即情生受苦，悟则忘情绝苦。把苦因归之于执有而情生，这与魏晋般若学者慧远所说的"有情于化，感物而动，动必以情，故其生不绝。其生不绝，则其化弥广，而形弥积；情弥滞，而累弥深。……是故经称，泥洹不变，以化尽为宅；三界流动，以罪苦为场。化尽则因缘永息，流动则受苦无穷"[25]，在思想上是一致的。所不同的是，慧远是个义学沙门，他要求的是通过"反本求宗"而"不以生累其神……不以情累其生"[26]，以达到精神上的解脱，证入涅槃；法融则要求"以忘情为修"，通过"丧己忘情"的修习而体悟万法如幻的真谛，体现了他既是一个义学沙门，也是一个禅者的特色。法融的"本来无事"与后世南宗所传的惠能"本来无一物"的得法偈，意趣是相通的。

对照道宣《续高僧传》所记与现存的有关法融的思想资料，宗密以上所做的概括是大致符合法融思想的。道宣在《续高僧传》中说，法融早年"翰林坟典，探索将尽"，乃叹曰："儒道俗文，信同糠秕；般若止观，实可舟航。"于是，在十九岁那年便入茅山[27]依"三论之匠"

灵法师出家（炅法师是三论大师兴皇法朗的门下，一说即为传法朗衣钵的“大明法师”[28]）。又往牛头山，曾住佛窟寺八年，遍读寺内所藏之内外经书。法融认为“慧发乱纵，定开心府。如不凝想，妄虑难摧”，因而“凝心宴默于空静林，二十年中，专精匪懈”。后又于牛头山幽栖寺北岩下别立茅茨禅室，“日夕思择，无缺寸阴”。曾于岩下讲《法华经》，并受邑宰之请而在建初寺讲授《大品》，听众达上千人。[29]可见，法融是一个由般若三论而入禅门，弘法与躬行并重的大师。《宋高僧传》上曾称他为“东夏之达磨”，并记他对门下昙璀的教诲曰：“色声为无生之鸩毒，受想是至人之坑阱。”[30]这与宗密所记的“忘情为修”也是一致的。

法融的思想资料，除了现存的《心铭》之外，《宗镜录》中还有一些零星的记载，其中引用了《华严经私记》《法华名相》等，据《日本古经录》所载，法融是有这些著述的[31]，因此可作为参考。另外，宗密在《圆觉经大疏钞》中曾说：“牛头融大师有《绝观论》。”[32]《宗镜录》卷九、卷七十七和卷九十七分别节引了《绝观论》的部分内容，近代又发现了好几个敦煌本《绝观论》[33]，其中有《宗镜录》卷九和卷七十七所引之文（分别见之于第十六—十七与第二十三则问答），但都没有《宗镜录》卷九十七所引的内容，这些也可以作为参考。[34]而

《心铭》一篇则代表了法融的禅法思想。此文四字一句，共一百九十八句，七百九十二字，并见于《全唐文》卷九百零八与《景德传灯录》卷三十。下面就以此为主，略探一下法融禅法的特点。

牛头法融的禅法是立足于“心境本寂”的般若三论思想而展开的。在《心铭》中，法融开门见山地提出：

> 心性不生，何须知见？本无一法，谁论熏炼？㉟

在他看来，“三世无物，无心无佛”，世间法出世间法，一切都是如梦如幻，本性空寂的。所谓境者，乃是迷情妄执，并悉是心；所谓心者，寂灭为性，随境而起。无心无境，心寂境如，便是世界的本来面目。他说：“六根对境，分别非识。一心无妄，万缘调直。……开目见相，心随境起。心处无境，境处无心。将心灭境，彼此由侵。心寂境如，不遣不拘。境随心灭，心随境无。两处不生，寂静虚明。菩提影现，心水常清。”《宗镜录》所引的《绝观论》中一段话与此思想是一致的：“问云：何者是心？答：六根所观，并悉是心。问：心若为？答：心寂灭。”㊱

由于无心可守，无境可观，因此，法融在禅修实践上强调的就是“绝观忘守”。“绝观忘守”所要求的是无心、无修、无证。他说：“分明照境，随照冥蒙。……欲得心净，无心用功。纵横无照，最为微妙。……将心守静，犹未离病。生死忘怀，即是本性。……目前无物，无物宛然。不劳智鉴，体自虚玄。”他反对任何有计较执着的修习，认为“一心有滞，诸法不通”。计较则乖常，求真则背正，分别凡圣，只能是烦恼转盛。只有“一切莫作”“一切莫执”地无修而修，才能达到“冥心入理”之境：“莫灭凡情，唯教息意。意无心灭，心无行绝。不用证空，自然明彻。灭尽生死，冥心入理。”

这里所说的“理”，法融亦称之为“道”，它并不是一个精神实体，而是离一切限量分别的空，是无二无别的如。它不在内，不在外，同时又无处不在。《绝观论》中说“道无所不遍也”，一切都是“本来合道”的，草木瓦石亦尔。然凡夫有心而妄立我身，故就情约事而言，即非正道。若了知幻化虚妄，即自然合道。经云：“于一微尘具含一切法，（一切法）皆如也，一切众生亦如也。如，无二无差别也。”[37]可见，法融的“冥心入理”与菩提达磨的“与道冥符”是有所不同的，与惠能南宗禅却是有相似之处的，特别是江西马祖道一的“触类是道，任心为修”，与牛头禅法是相通的。《宗镜录》引牛头法融语云：“夫道者，若一人得之，道即不遍。若众人得之，道即有穷。若各各有之，道即有数。若总共有之，方便即空。若修行得之，造作非真。若本自有之，万行虚设。

何以故？离一切限量分别故。”[38]就是说，道是不待求、无可求的。求之弥远，而不求便是。这也就是《心铭》中所说的：“至理无诠，非解非缠。灵通应物，常在目前。……计较乖常，求真背正。……通达一切，未尝不遍。”法融的道或理，指的是万法自然如如之道，他的无修无证正是基于此“道”而提出来的。他说：“高卧放任，不着一个物，名为进道。不见一个物，名为见道。不知一个物，名为修道。不行一个物，名为证道。”[39]通过无修之修而达到无心无境、心寂境如之境，便是法融所说的“冥心入理”。

在法融那儿，万法如如为道，自心无心亦为道。无心之心即是空寂之心，它是本无，是性空。《宗镜录》卷四十五引法融语云：

融大师云：镜像本无心，说镜像无心，从无心中说无心。人说有心，说人无心，从有心中说无心。有心中说无心，是末观；无心中说无心，是本观。众生计有身心，说镜像破身心。众生着镜像，说毕竟空破镜像。若知镜像毕竟空，即身心毕竟空，假名毕竟空，亦无毕竟空。若身心本无，佛道亦本无，一切法亦本无，本无亦本无。若知本无亦假名，假名佛道，佛道非天生，亦不从地出。直是空心性，照世间如日。[40]

这里完全是用般若性空义在解“心无”。在早期汉译《般若经》中，“本无”就是“性空”。经中说“一切法性空”[41]，“空亦复空”[42]，“所谓空者，则亦假号”[43]，或者说“一切皆本无，亦复无本无”[44]。根据这种观点，身心当然就是“毕竟空”了，但般若之空并非绝对空无之空，它是既假而空，是万法的本质，所以法融又说：“直是空心性，照世间如日。”法融在《绝观论》中也说：“心为体……心为宗……心为本。”[45]这里的心即是空寂之心。基于这种“空寂之心”来修禅，法融便赋予了传统禅法所强调的“安心”“修心”以新的含义，他以不修为修，以不安为安：“问：云何名心？云何安心？答曰：汝不须立心，亦不须强安，可谓安矣！”[46]这与《心铭》中“一切莫顾，安心无处。无处安心，虚明自露”等说法是一脉相通的。法融的这种思想对惠能南宗禅的影响是巨大的，我们从后世编造的在达磨、慧可、僧璨、道信之间皆有“觅心了不可得，无心可安”之类的问答，以及《坛经》所说的“我此法门，从上已来，顿渐皆立无念为宗、无相为体、无住为本”[47]，这种体、宗、本三者并举而统一于人们当下之心的思想中，皆可以看到这种影响的存在。

由“心境本寂”“绝观忘守”到“以不安为安”，这体现了法融由般若三论之义解而趋于禅心之证悟的禅家特色。法融对心境本寂，特别是对空寂之心的论述，更多的不是从哲学本体论或宇宙论，而是从修证契入的禅家立场来加以说明的。在大乘般若学中，心性的本寂、本觉、本净、本空等具有相同的意义。法融将这种思想引入禅观，对觉智、迷悟、定慧等问题做了独到的解释。他在《心铭》中说："前际如空，知处迷宗。……知法无知，无知知要。"这正是解空大师僧肇在《般若无知论》中所发挥的"有所知则有所不知""圣心无知，故无所不知"的旨趣。但法融更进一步地从心性的迷悟上来论述这个问题。他认为："觉由不觉，即觉无觉。……知心不心，无病无药。……迷时舍事，悟罢非异。本无可取，今何用弃？"关键在于无心取舍、取舍两忘，由此而显的便是正觉，便是智。他说："实无一物，妙智独存。本际虚冲，非心所穷。正觉无觉，真空不空。""灵知自照，万法归如。无归无受，绝观忘守。"知即是无知，即是迷；无知才是觉，才是悟。无虚妄之知，便显灵觉妙智。这里，法融从心性本寂而趋向了心性本觉、自性觉悟，他在《绝观论》中用这种思想解释了定慧、智境等问题。

问：若为是定慧双游？云：心性寂灭为定，常解寂灭为慧。问：何者是智？云：境起解是智。问：何者是境？云：自身心性为境。问：何者是舒？云：照用为舒。问：何者为卷？云：心寂灭无去来为卷。舒则弥游法界，卷则定迹难寻。[48]

这里，法融以心的寂灭与静止为定、为卷、为境；以心的照用与起解为慧、为舒、为智；将定慧、智境归之于一心的卷舒、寂照。这样，所谓迷与悟、定与慧的区分当然就是相对的方便说法了，惠能禅所强调的定慧等学，自性般若、识心见性、自心做佛等思想显然已在这里张了本。《心铭》还涉及到了顿悟的问题，例如认为菩提本有、烦恼本无，通过无修而修可以“诸缘顿息，一切不忆”，“慧日寂寂，定光明明。照无相苑，朗涅槃城”，这是“智者方知，非言诠悟”的境界。法融的这些思想对惠能南宗顿悟说的影响也是值得重视的。

法融以后，牛头禅进一步发展了“心为宗”“识心见性”（玄挺语）的思想，突出了“求佛之人，不作方便，顿了心原，明见佛性，即心即佛，非妄非真”（牛头山忠和尚语），而与惠能禅合流。因此，宗密在《禅源诸诠集都序》中把牛头与惠能门下石头一系同归入“泯绝无寄宗”，他说：

泯绝无寄宗者，说凡圣等法皆如梦幻，都无所有，本来空寂，非今始无。即此达无之智，亦不可得。平等法界，无佛无众生，法界亦是假名。心既不有，谁言法界？无修不修，无佛不佛。设有一法胜过涅槃，我说亦如梦幻。无法可拘，无法可作，凡有所作，皆是迷妄。如此了达本来无事，心无所寄，方免颠倒，始名解脱。石头、牛头下至径山，皆示此理。[49]

在宗密看来，"泯绝无寄"并非极致。他说："有一类道士、儒生、闲僧、泛参禅理者，皆说此言便是臻极，不知此宗不但以此言为法。"[50]他认为，荷泽、江西、天台等门下是亦说此理而非所宗的。这反映了宗密作为一个华严学者而又兼宗荷泽的立场，但他认为牛头禅与惠能门下有相通之处，则是合乎事实的。

注释：

①宗密的《禅门师资承袭图》中"通"作"道"。

②汝，原作"如"。

③岩，原作"严"。

④径，原作"劲"。

⑤《卍续藏经》第十四册页五五七。

⑥《全唐文》卷三二〇。

⑦《全唐文》卷六〇六。

⑧《大正藏》第五十一册页二二七。

⑨同注⑧，页二二二。

⑩见《续高僧传》卷二五、卷二六。

⑪道信、法融与智岩去世的年代分别早于道宣十六年、十年和十三年。

⑫《续高僧传》卷二六《道信传》。

⑬《续高僧传》卷二六《法融传》。

⑭传见《宋高僧传》卷一九与《景德传灯录》卷四。

⑮传见《宋高僧传》卷九与《景德传灯录》卷四。

⑯当二祖慧可尚在北方时，南方三论大师僧诠门下四大弟子之一的栖霞慧布就曾北上与可相会，事见《续高僧传》卷七《慧布传》。

⑰《景德传灯录》卷四，《大正藏》第五十一册页二二八。

⑱此据《续高僧传》《传灯录》作公元六〇〇—六七七年。

⑲《传法宝纪》《历代法宝记》和《神会语录》等都记载了宝月与僧璨之间的交往。

⑳《宋高僧传》卷八《弘忍传》。

㉑见石峻等编《中国佛教思想资料选编》第二卷，第二册页四六五—四六六。

㉒《大品般若经·等空品》，《大正藏》第八册页二六四。

㉓《放光般若经·不可得三际品》,《大正藏》第八册页三十五。

㉔《大品般若经·幻听品》,《大正藏》第八册页二七六。

㉕㉖《沙门不敬王者论》,《弘明集》卷五。

㉗在今江苏省金坛县西。

㉘见唐惠详的《弘赞法华传》卷三,《大正藏》第五十一册页十八。

㉙以上均见《续高僧传》卷二六《法融传》。

㉚见《宋高僧传》卷八《昙璀传》。

㉛见《东域传灯目录》《福州温州台州求得经律论疏记外书等目录》等,载《大正藏》第五十五册页一〇九五、一一四七。

㉜《圆觉经大疏钞》卷一一之上,《卍续藏经》第十四册页四五三。

㉝北京图书馆存有一个本子。

㉞日本学者关口真大曾对《宗镜录》所引的融大师说与敦煌本《绝观论》部分内容的相合做了考证,见其著《达摩大师的研究》,彰国社一九五七年版。

㉟《景德传灯录》卷三十,载《大正藏》第五十一册页四五七—四五八。以下所引凡不注出处者,均与此同。

㊱《宗镜录》卷九七，《大正藏》第四十八册页九四一。

㊲见《绝观论》第三十三—三十五则问答。

㊳《宗镜录》卷九，《大正藏》第四十八册页四六三。

㊴《绝观论》第四十五则问答。

㊵《大正藏》第四十八册页六八一。

㊶《小品般若经·萨陀波仑品》，《大正藏》第八册页五八〇。

㊷《光赞般若经·三昧品》，《大正藏》第八册页一八九。

㊸《光赞般若经·顺空品》，《大正藏》第八册页一五二。

㊹《道行般若经·本无品》，《大正藏》第八册页四五三。

㊺《宗镜录》卷九七，《大正藏》第四十八册页九四一。

㊻《绝观论》第一则问答。

㊼敦煌本《坛经》第十七节。

㊽同注㊺。

㊾㊿《禅源诸诠集都序》卷上之二，《大正藏》第四十八册页四〇二。

第二节 南北禅宗对立之形成

中国禅宗自东山法门而始成，至惠能门下而大盛。惠能本是弘忍众多的弟子之一，由于他倡导一种识心见性、顿悟成佛的简便法门而使禅宗得到了极大的普及，乃至天下“言禅者，皆本曹溪”，惠能禅也就成为中国禅宗的正宗。惠能禅主要流传于中国南方，惠能的弟子神会又以菩提达磨“南天竺一乘宗”正传自诩，而不许神秀的弟子普寂禅师“妄称南宗”①，因此，惠能禅便获得了“南宗”的称号，而与之对立的主要流传于中国北方的神秀一系则被称之为“北宗”。

唐中期以后，惠能一系蔚为大宗，势力大，范围广，完全取代了北宗的地位。宋代以来的禅史灯录，皆依南宗而作，抬高惠能，吹捧南宗，特别是广泛记载了唐五代时兴起的五家七宗之禅，而曾经盛行于秦洛的神秀北宗禅史则几近湮没，弘忍门下传禅之史实亦被歪曲，以至于长期以来，人们只能从《坛经》等对神秀北宗禅的批评中略知北宗禅法一二，而无从窥其原貌，更无从了解南能北秀之外的禅宗流派之发展与特点。

本世纪初，敦煌新发现了大量唐代写本的禅宗资料，比较重要的有净觉的《楞伽师资记》、杜朏的《传法宝纪》、神秀的《大乘无生方便门》与《观心论》、惠能的《坛经》、神会的《语录》及《南宗定是非论》、智诜门下的《历代法宝记》等等，这些多出于弘忍弟子或再传弟子之手的作品，虽然不乏门户之见，但却为我们了解弘忍以后的禅宗发展提供了极有价值的参考资料，如果结合有关的金石资料与考古的新发现，再参考宗密的一些记载，我们就有可能对弘忍门下各派的分化及南能北秀的形成等情况有个大致的了解。

从现有的资料来看，弘忍以后，禅宗的发展已经具有了相当的规模。弘忍初创宗门，确立了传法世系，他自己则“法门大启，根机不择”，广接天下学人，受其教诲者无数，他的传授是并不拘于“一代只许一人”的。据净觉的《楞伽师资记》所载，弘忍在临终前曾曰：

如吾一生，教人无数，好者并亡，后传吾道者，只可十耳。我与神秀，论《楞伽经》，玄理通快，必多利益。资州智诜，白松山刘主簿，兼有文性。莘州惠藏，随州玄约，忆不见之。嵩山老安，深有道行。潞州法如，韶州惠能，扬州高丽僧智德，此并堪为人师，但一方人物。越州义方，仍便讲说。又语玄赜曰：汝之兼行，善自保爱。吾涅槃后，汝与神秀，当以佛日再晖，心灯重照。②

这里连玄赜在内，一共列出了弘忍十一位大弟子。宗密的《禅门师资承袭图》与《圆觉经大疏钞》等所列人物与此虽有不同，但记弘忍门下有十余人“升堂入室”则是相同的。

弘忍去世后，他的弟子分头弘化，在把东山法门传向全国的同时，禅宗内部也酝酿着分化，逐渐形成了不同的派系。其中影响较大而现今又可考者有法如系（在安徽、河南）、神秀系（由荆州而入两京）、惠能系（在广东曹溪）、智诜系（在四川）等。最初，不同的派系只是由于因人因地的施化设教之不同而在禅法与禅风上略显差异，各派之间虽都标榜真传，但门户之见并不深，法统之争亦未提到议事日程上来。即使是日后形同水火的南北宗之间，也没有相互攻击和排斥，情况倒正好相反，神秀还曾多次向武则天和唐中宗举荐过惠能。[③]这种各系相互并存的情况直到神会入洛才发生根本的改变。

弘忍的上首弟子之一法如（公元六三八—六八九年）在弘忍去世后的一段时间里，曾享有极高的声誉，据严挺之的《大唐故大智禅师碑铭并序》[④]与李邕的《大照禅师塔铭》[⑤]所记，神秀的大弟子义福与普寂都是先寻法如，因法如迁化才改投神秀门下的。裴漼所撰的《皇唐嵩岳少林寺碑》[⑥]（作于开元十六年，即公元七二八年）中则将法如誉为“定门之首”。关于法如的生平与禅法，僧传中无载，现有《法如碑》与《传法宝纪》等可以参考。据载，法如“幼随舅任澧阳，因事青布明[7]为师。年十九出家，博穷经论，游方求道”[8]。后约于公元六五八年投至东山弘忍门下，始终奉持，经十六载。弘忍死后，先在淮南，后北游中岳，“垂拱二年（公元六八六年），四海标领僧众，集少林精舍，请开禅法”[9]，时“学侣日广，千里向会”[10]，于永昌元年（公元六八九年）寂然卒世，春秋五十有二。

从现在仅有的资料来看，法如的禅法仍然沿袭了达磨以来融会《楞伽经》与《般若经》的思想倾向，并保持了早期禅宗的素朴禅风。《法如碑》中记述说，法如来到弘忍门下，“稽请毕已，祖师默辩先机，即授其道，开佛密意，顿入一乘。数缘非缘，二种都尽，到清凉池，入空寂舍。可谓不动真际而知万象者也。……后居少林寺，处众三年，人不知其高，所以守本全朴，弃世浮荣。廉让之德，贤士之灵也。外藏名器，内洽玄功，庶几之道，高遁之风也。对问辞简，穷精入微，出有之计，解空之围也”[11]。可见法如是个根器灵利、操行严谨、独善其身、不尚浮华的禅师。尽管他早年“博穷经论”，但他并不以文辞相夸，他认为：“言寂则意不亡，以智则虑未灭。”[12]他所注重的是自心的证悟。“今唯以一法能令圣凡同入决定，勇猛当应谛受，如人出火，不容中断。众皆屈申臂顷，便得本心。师以一印之法，密印于众意。世界不现，则是法界。此法如空中月影，出现应度者心。子勤行之，道在其中矣。”[13]东山法门以“一行三昧”而著称。法如以“世界不现”为法界一相，以“空中月影”来喻禅修之法，以自得本心为禅修之境，体现了他兼传道信重“文殊般若”的禅法与弘忍重“守本真心”的禅法之特色。法如所说的“本心”是息除了妄念的清净心。智俨所撰的《大唐中岳东闲居寺故大德珪和尚[14]纪德幢》[15]中记法如的禅法说:“诸余禅观，并心想不忘。入此门者，妄想永息。”修禅在于息妄想、得本心，若起心修禅，当仍有所执着。任心而行，道即在其中。法如的禅法不重口说而重心行，这与惠能禅的禅修途径是相一致的。《坛经》中说:“迷人口念，智者心行。”[16]惠能禅强调的是自性般若，因此，心所行的是无相之般若行。而法如的禅法因资料不足而难以详考，但从所行之法如空中月影、出现应度者心等说法来看，可以认为，法如的禅法与惠能禅确实是很相近的。法如的禅法也是讲顿悟的，他所顿悟的实际上也是本来清净的自心。法如受弘忍传授即“顿入一乘”；他在少林寺开禅要“众皆屈申臂顷，便得本心”；李元珪蒙其启发而豁然会意，“万相皆如，圆觉在目。动静斯益，契彼宿心”[17]；此皆证悟自心本性也。由此可见，惠能南宗所发挥的“顿悟心性”说其实是当时弘忍门下所共有的禅法，并非如南宗人所说的那样，为他们所特有。

法如去世后，《法如碑》记述其师承曰："菩提达摩……传可，可传璨，璨传信，信传忍，忍传如。"这里肯定了弘忍传法于法如的事实，但并没有明言法如为"六祖"，也没有排除他人得法于弘忍的可能性。这反映了弘忍以后禅宗发展的最初状况。此碑的年代较早（作于公元六八九年），作于弘忍去世后不久，因而值得重视，但亦需根据当时的实际情况并结合其他资料来正确地看待它的内容。有人根据此碑所记得出结论，认为法如为"六祖"是弘忍门下最早的说法，是比较可信的，而神秀、玄赜等人当时都在世，都有机会见到此碑而未提出异议，这也从反面证明了此碑所记为事实，并以此而对《楞伽师资记》中所说抱有怀疑。[18]我觉得这种看法还可以再讨论。因为从碑文本身来看，记载死者的生平而追述其师承是很自然的事，而在追述师承之时由当时已成定论的五祖推下来写为第六代，这并不等于就否认有第六代的其他同门，联系当时法统之争尚不明显、"一代只许一人"之说尚未出现等事实，碑文所记似不能视为与以后的神秀、惠能"六祖"说相对立。[19]作于开元十三年（公元七二五年）的《珪和尚幢》在述李元珪之师承时也说："自达磨入魏，首传慧可，可传璨，璨传信，信传忍，忍传如，至和尚凡历七代，皆为法主，累世一时。”这同样不能说是在把李元珪定为“七祖”。李元珪卒于公元七一六年，其时神秀的地位及名声均已大大超过了法如，李元珪尽管在法如殁后曾在神秀门下住过，但碑中仍明言其为法如门下，这只能说当时“六祖”尚未成定说，而不能说明当时人们“仍普遍认为是法如才得了弘忍的真传”⑳。据《传法宝纪》载，法如临终前曾留下遗训，要他的弟子“而今已后，当往荆州玉泉寺秀禅师下咨禀”㉑，从当时的实际情况来看，这是有可能的。

荆州玉泉寺神秀禅师（公元六〇六—七〇六年）是众所公认的弘忍的大弟子，“少览经史，博综多闻。既而奋志出尘，剃染受法”㉒。他“老庄玄旨，《书》《易》大义，三乘经论，四分律仪，说通训诂”㉓，无不精通。后投弘忍门下，“决心苦节，以樵汲自役而求其道”㉔，“服勤六年，不舍昼夜。（弘忍）大师叹曰：东山之法，尽在秀矣”㉕。弘忍卒后，神秀住当阳玉泉寺，四海缁徒，向风而靡。久视年中（公元七〇〇年）㉖，武则天召请神秀入京，“亲加跪礼，内道场丰其供施，时时问道。……洎中宗孝和帝即位，尤加宠重”㉗，“遂推为两京法主，三帝国师”㉘。关于神秀的禅法，我们将在下节中专述。

神龙二年（公元七〇六年），神秀圆寂，谥为大通禅师。是年，弘忍的另一个大弟子老安受召入京，三年后辞归嵩岳[29]，而神秀的另一个同门玄赜则于景龙二年（公元七〇八年）应中宗召请而入西京，“便于东都广开禅法”[30]。神秀的大弟子普寂与义福也曾先后入京，受到王公士庶的礼遇[31]，“并为朝野所重”[32]。

神秀、老安等禅师先后被迎入京城，受到帝室的礼遇，但并没有排斥在南方传法的惠能一系。据记载，神秀与老安等都曾介绍过自己的弟子去从惠能修学，并向帝室举荐过惠能。唐中宗《召曹溪惠能入京御札》云：“朕请安、秀禅师宫中供养，万机之暇，每究一乘。二师并推让云：南方有能禅师，密受忍大师衣法，可就彼问。”[33]这反映了弘忍门下，最初相互之间的并存关系。直到神秀圆寂，法统问题仍未突出出来。张说的《大通禅师碑文》（作于公元七〇六年）虽记述了神秀身为“两京法主，三帝国师”的显赫地位，但在追述其师承时只是说到达磨至弘忍的“继明重迹，相承五光”，并暗示了神秀在弘忍门下的特殊地位：“（弘忍）大师叹曰：东山之法，尽在秀矣。命之洗足，引之并坐。”却并没有明确神秀的“六祖”地位，也没有把神秀说成是弘忍的唯一嫡传。

从作于神会北上挑起南北宗之争以前的《传法宝纪》与《楞伽师资记》中我们可以看到，无论是法如门下，还是玄赜门下，对神秀的地位都是公认的。法如的弟子杜朏将神秀与其师并列于弘忍之后，云：“达磨传法于慧可，慧可传僧璨，僧璨传道信，道信传弘忍，弘忍传法如，法如及乎大通。”玄赜的弟子净觉则将神秀、老安与其师并列于弘忍之后，并引玄赜《楞伽人法志》云：“时荆州神秀禅师，伏膺高轨，亲受付嘱。”并记弘忍临终嘱玄赜：“吾涅槃后，汝与神秀，当以佛日再晖。”而据神会所说，“普寂禅师为秀和上竖碑铭，立秀和上为第六代。今修《法宝纪》，又立如禅师为第六代”[34]，则神秀门下对其师的同门法如的“第六代”地位也是承认的。[35]这些记载都表明，在南北宗分化以前，弘忍门下各派系是相互容忍并存的。这里之所以都提到神秀而没有提到惠能，是因为神秀在京城声名大振，而惠能由于拒帝室之召请，活动范围始终只限于曹溪一隅，因而默默无闻，这也就是史书上所说的“能大师灭后二十年中，曹溪顿旨，沉废于荆吴；嵩岳渐门，炽盛于秦洛”[36]。这种局面至神会北上而告终结。对于主张“从上已来六代，一代只许一人，终无有二。纵有千万学徒，只许一人承后”[37]的神会来说，同时有数人为“第六代”是不能容许的，只有惠能大师才堪称第六代。

自神会于开元八年（公元七二〇年）传惠能禅法于北土以后，“六祖”之争便在惠能系与神秀系之间激烈地展开了。据《宋高僧传》中所记：“释神会……居曹溪数载，后遍寻名迹。开元八年，敕配住南阳龙兴寺。续于洛阳大行禅法，声采发挥。先是两京之间皆宗神秀，若不淰之鱼鲔附沼龙也。从见会明心六祖之风，荡其渐修之道矣。南北二宗时始判焉。致普寂之门盈而后虚。”[38]神会在南阳传惠能的顿教法门，并开始对弘忍传法付衣于惠能之事大加宣扬。[39]在神会咄咄逼人的攻势下，在嵩洛地区颇有根基的神秀门下当然不甘示弱，于是有“普寂禅师在嵩山竖碑铭，立七祖堂，修《法宝纪》，排七代数，不见著能禅师”[40]等一系列的活动。这显然是对神会的攻势做出的一种反应。为了进一步确立惠能的六祖地位，神会便把当时实际上已被公认为弘忍门下之正宗的神秀一系作为主要的攻击目标。开元二十年（公元七三二年）左右，神会在滑台大云寺设无遮大会（即道俗僧尼均来参加的大会），与“两京名播，海外知闻”的山东崇远法师进行了一场关于南北禅宗是非邪正的大辩论。神会不为功德，而“为天下学道者辨其是非，为天下学道者定其宗旨”[41]，公开指责神秀一系“传承是傍，法门是渐”，认为“从上已来，具有相传付嘱。……唐朝忍禅师在东山将袈裟付嘱与能禅师。经今六代。内传法契，以印证心；外传袈裟，以定宗旨。从上相传，一一皆与达磨袈裟为信。其袈裟今见在韶州，更不与人。……忍禅师无传授付嘱在秀禅师处，纵使后得道果，亦不许充为第六代”。神会同时指出：“秀禅师教人凝心入定，住心看净，起心外照，摄心内证。……我六代大师一一皆言单刀直入，直了见性，不言阶渐。”[42]自此以后，南顿北渐便成了南能北秀对立的标志，“顿渐门下，相见如仇雠”的局面也逐渐形成。

据《南宗定是非论》，神秀在日，便已有“南能北秀”之称。从神秀等人向帝室举荐惠能来看，这是有可能的。但这并不意味着南北禅宗对立的形成。南北禅宗对立的形成应该是在神会北上以后，特别是在滑台大会以后。[43]在这次大会上，“南宗”成为惠能系禅宗的专用名称。“远法师问：何故不许普寂禅师称为南宗？（神会）和上答：为秀和上在日，天下学道者号此二大师为‘南能北秀’，天下知闻。因此号，遂有南北两宗。普寂禅师实是玉泉学徒，实不到韶州。今口妄称南宗，所以不许。”[44]

滑台大会以后，南北宗之间争夺嫡系的抗争愈加激烈，双方不但立碑作记、论师定祖，而且都借助于政治势力来抬高自己，甚至不惜将对方置于死地。据宗密的记载，神会在滑台演两宗之真伪以后，“便有难起，开法不得”，甚至“三度几死。商旅缞服，曾易服执秤负归，百种艰难”[45]。后来，神会由于得到兵部侍郎宋鼎的支持而得以入洛：“天宝四载（公元七四五年），兵部侍郎宋鼎，请入东都。然正道易申，谬理难固。于是曹溪了义，大播于洛阳；荷泽顿门，派流于天下。”[46]神会来到洛阳这一北宗活动的中心以后不久，又“于洛阳荷泽寺，崇树能之真堂，兵部侍郎宋鼎为碑焉。会序宗脉，从如来下西域诸祖外，震旦凡六祖，尽图绘其影。太尉房琯作《六叶图序》”[47]。神会通过宋鼎、房琯等人而声名大振，致使“普寂之门盈而后虚”。普寂及其门下亦针锋相对地采取一系列行动。开元二十四年（公元七三六年）义福圆寂而立的碑文中说：“禅师法轮，始自天竺达磨。大教东流，三百余年，独称东山学门也。自可、璨、信、忍至大通，递相印属。大通之传付者河东普寂与禅师二人，即东山继德，七代于兹矣。”[48]这是对神会于滑台定宗旨的一个回答。不久以后，李邕所作的《嵩岳寺碑》再次强调弘忍传法于神秀，“秀钟于今和尚寂”。势力连天的北宗门下（宗密语）并不就此罢休。“天宝中，御史卢弈阿比于寂，诬奏会聚徒，疑萌不利。玄宗召赴京，时驾幸昭应，汤池得对，言理允惬。敕移往均部[49]。（第）二年，敕徙荆州开元寺般若院住焉。”[50]神会终于被赶出了洛阳。据宗密所记，则神会在不到二年的时间里先后移住了四处：“天宝十二年，被谮聚众，敕黜弋阳郡，又移武当郡。至十三载，恩命量移襄州。至七月，又敕移荆州开元寺。皆北宗门下之所（毁）也。”[51]安史之乱起，两京沦陷。次年，郭子仪收复两京，但唐王朝财政困难，于是便在各大府置戒坛度僧，收香水钱以助军需，而神会则被推出来主持此事。“所获财帛，顿支军费。代宗、郭子仪收复两京，会之济用，颇有力焉。”[52]这样，神会算是为唐王朝立了一功，因而受到了帝室的重视：“肃宗皇帝诏入内供养。敕将作大匠，并功齐力，为造禅宇于荷泽寺中。”[53]不久，神会病死，敕赐祖堂额，塔额，谥真宗。“贞元十二年（公元七九六年），敕皇太子集诸禅师，楷定禅门宗旨，遂立神会禅师为第七祖。”[54]至此，南北宗之争告一段落。在这以后，南宗得到了较快的发展，北宗则日趋消沉。“元和十一年某月日，诏书追褒曹溪第六祖能公，谥曰大鉴”[55]，“其说具在，今布天下，凡言禅，皆本曹溪”[56]，柳宗元、刘禹锡这些作于公元九世纪初的碑文，反映了惠能南宗禅在当时的盛行。

需要指出的是，惠能禅得以在北方取代神秀系的北宗而流行，是由惠能禅的特点以及当时的社会历史状况等多种原因决定的。神会固然在这中间起了巨大的推动作用，但这种作用并不是唯一的或决定性的。同时，南宗的兴起并不就是北宗的灭亡。史实表明，安史之乱以后，北宗仍然绵延发展了百年之久。北宗门人独孤及于大历七年（公元七七二年）所作的《舒州山谷寺觉寂塔隋故镜智禅师[57]碑铭（并序）》中说：“忍公传惠能、神秀。能公退而老曹溪，其嗣无闻焉。秀公传普寂，寂公之门徒万人，升堂者六十有三，得自在慧者一，曰弘正。正公之廓庑，龙象又倍焉，或化嵩洛，或之荆吴。”[58]此碑作于神会圆寂后不久[59]，独孤及无视神会系的存在却对普寂门下的兴盛大加夸张，这正如胡适所曾指出的那样，说明“在大历初期，北宗普寂门下的弘正一支势力还很大，还有压抑能大师一支的企图”[60]。直到唐文宗开成年间（公元八三六—八四〇年），仍有北宗僧人活跃于嵩洛地区。据《宋高僧传》载：“开成元年（公元八三六年），赞皇公[61]摄冢宰，请珪[62]于洛龙兴寺化徒。两京缁白往来问道，檀施交骈。其所谈法，宗秀之提唱。获益明心者多矣。”[63]这证明了宗密在《禅门师资承袭图》中所说的“秀及老安、智诜，道德最著……子孙承嗣，至今不绝”[64]，是符合实际情况的。武宗灭法（公元八四五年）以后，以寺院为主要依托的北宗禅才完全衰落下去，而最终同样走上了依附帝室道路的神会系自此也一蹶不振。唐末五代繁兴起来的南宗禅是保持山林佛教特色的江西马祖与湖南石头门下。

根据《菩提达摩南宗定是非论》，神会为天下学道者“定宗旨，辨是非”而提出的南北宗的对立主要有如下几点：

一、传承的旁正。即认为历代祖师相承，以传衣为信，令弘法者得有秉承，学道者得知宗旨，“能禅师是的的相传付嘱人”，得到了弘忍付嘱的衣法，因而是达磨以来以心传心的第六代祖师；而“忍禅师无传授付嘱在秀禅师处”，因而“秀禅师实非的的相传”，他只是旁出而不是正宗。

二、法门的顿渐。神会强调：“我六代大师一一皆言单刀直入，直了见性，不言阶渐。”而神秀北宗却教人住心入定的渐修法，南北之异“皆为顿渐不同”。

三、修习的禅法不同：“今言不同者，为秀禅师教人凝心入定，住心看净，起心外照，摄心内证。”这种坐禅的方法是有所执着，是妄心法缚，“皆是障菩提道”。而从上以来的六代祖师是无有一人如此修习的，他们皆依经文所言，“心不住内，亦不在外，是为宴坐”，皆以念不起为坐，以见本性为禅，“所以不教人坐身住心入定”，但修般若波罗蜜法，行般若波罗蜜行。

四、与帝室的关系不同：“远法师问：秀禅师为两京法主、三帝门师，何故不许充为六代？（神会）和上答：从达磨以下，至能和上，六代大师，无有一人为帝师者。”唐王朝曾两次（公元六九六与七〇五年）召请惠能入京，均遭拒绝。惠能确实是继承了东山法门与王朝政治不合作的传统，惠能南宗门下也大都保持了禅门的这一特色。

五、地域上的南北不同：“秀和上在日，天下学道者号此二大师为南能北秀，天下知闻。因此号，遂有南北两宗。普寂禅师实是玉泉学徒，实不到韶州。今口妄称南宗，所以不许。”“南天竺一乘宗”演变成了中国的“南宗”。

六、一代一人还是多人的不同：南宗认为，“自达磨大师之后，一代只许一人。中间倘有二三，即是谬行佛法”。而北宗却同时并立秀和尚与如禅师为第六代，此实属“饰鱼目以充珍，将夜光而为宝”[65]！

神会这里说的南宗是指惠能系，北宗是指神秀系。但是，当时弘忍门下除了南能北秀之外，还有许多其他知名的大弟子在各处传法，其中有些已不可考，有些则现存有一些记载的片段，对他们怎么看？现在有种观点，认为惠能是对达磨以来禅法的变革，是中国特色的禅宗的实际开创者。除惠能以外，弘忍的诸弟子基本上固守东山法门，可以归入神秀的北宗。[66]有的在把法如、道安（即老安）和玄赜等人包括进北宗的同时又提出，“禅法上的守旧和政治上的依附就是北宗的基本特征”[67]。我认为这些看法虽然有一定的道理，却不能与史实完全相符，也不能很好地揭示惠能对传统禅法的继承与发展，从而把握中国禅宗思想的形成、分化与发展。例如我们前面所分析的弘忍门下号称“定门之首”的大弟子法如，他不仅保持了早期禅宗的素朴禅风，终身未依附唐王朝，而且在禅法上也与南宗的顿悟心性说相接近，把他归入神秀北宗显然就不太妥当。[68]即使是老安、玄赜等人，他们虽然都在北方嵩洛地区传授禅法，与王室的关系也相当密切，“前后为三主国师”[69]，并都依持《楞伽经》[70]，玄赜甚至自称与神秀为一系[71]，但对他们亦需做具体的分析。他们两人的禅法虽不可详考，但据《景德传灯录》载，老安与其门下有如下一段问答：

有坦然、怀让二人来参。问曰：如何是祖师西来意？师曰：何不问自己意？曰：如何是自己意？师曰：当观密作用。曰：如何是密作用？师以目开合示之。然言下知归，更不他适。让机缘不逗，辞往曹溪。[72]

如果此记载属实，则老安的禅风显然与惠能南宗是相近的。他不重禅定的渐修而重言下的顿悟自证。史载他的俗弟子陈楚章就是“说顿教法”的，并“默传心法”，将顿教法传给了保唐寺无住。[73]至于玄赜的弟子净觉则不仅有《注般若心经》存世，即使是在他的《楞伽师资记》中，“无法可得，无相可求。……离有离空，清净解脱，无为无事，无住无着。……无所得，得无所得者，谓之得菩提”[74]等般若思想亦随处可见，这与神秀北宗的“观心看净”法门显然也是不同的，而与南宗禅却是相近的。因此，是否可以把老安、玄赜等归入“北宗”也是值得考虑的。

另外，出自弘忍门下在四川弘化的资州智诜系也是值得重视的。据《历代法宝记》，智诜曾作《般若心经疏》一卷，从智诜系的禅法来看，确实是偏重于般若的无所得思想的。智诜（公元六〇九—七〇二年）传处寂（公元六四八—七三四年）[75]，处寂门下有净众寺无相（公元六八〇—七五六年）[76]，无相以下又有保唐寺无住（公元七一四—七七四年）。净众系与保唐系都是当时影响较大的禅宗流派，宗密在《圆觉经大疏钞》卷三之下述禅家“七家”义时分别将他们列为第二、第三家。关于他们的禅法，宗密也做了比较详细的记载，现更有敦煌本《历代法宝记》可资参考。综合起来看，“无忆、无念、莫妄”三句语代表了他们的禅要，时人称此为“顿教法”。宗密记载说：

有三句用心为戒定慧者，第二家也。根元是五祖下分出，名为智诜，即十人中之一也。本是资州人，后却归本州德纯寺开化。弟子处寂，俗姓唐，承后。唐生四子，成都府净众寺金和尚，法名无相，是其一也。大和（弘？）此教。言三句者，无忆无念莫忘也。意令勿追忆已过之境，勿预念虑未来荣枯等事，常与此智相应，不昏不错，名莫忘也。或不忆外境，不念内心，修

（翛？）然无寄。戒定慧者，次配三句也。虽开宗演说，方便多端，而宗旨所归，在此三句。[77]

这里的"莫忘"，《历代法宝记》引无相三句作"莫妄"，从"常与此智相应，不昏不错""修然无寄"等解说来看，"忘"应该作"妄"。宗密在《圆觉经大疏钞》中说，保唐寺无住"亦传金和上三句言教，但改忘字为妄字，云诸同学错预（领？）先师言旨。意谓无忆无念即真，忆念即妄。不许忆念，故云莫妄"[78]。无住的说法是符合其师无相原意的。"无忆无念莫妄"实际上也就是《坛经》中所说的"无念无相无住"。莫妄就是无相，《金刚经》云："凡所有相，皆是虚妄。"无相当然就是莫妄了。神会也曾说过："一切众生心本无相，所言相者，并是妄心。"他并据此批评了北宗的住心看净："何者是妄？所作意住心、取空、取净，乃至起心求证菩提涅槃，并属虚妄。"[79]这都说明莫妄即无相。无忆则与无住相当。《坛经》中说："无住者……念念之中，不思前境。"[80]这与"勿追忆已过之境"的说法显然是完全一致的。接下来，"无念"的提法相同。[81]

净众寺无相又以"无忆、无念、莫妄"三句与戒、定、慧相配。《历代法宝记》对这种相配做了具体的解释："无忆是戒，无念是定，莫妄是慧。"[82]同时，无相又以

“无念”来统摄三句语和戒、定、慧：

> 我达磨祖师所传，此三句语是总持门。念不起是戒门，念不起是定门，念不起（是）慧门，无念即是戒定慧具足。[83]

对照一下荷泽神会所说，我们可以发现，他们不仅禅法思想相近，甚至连语言也是极为相似的。神会说：

> 妄心不起名为戒，无妄心名为定，知心无妄名为慧。是名三学等。[84]
>
> 立（无念）为宗，若见无念者……即戒定慧学一时齐等，万行俱备，即同如来知见，广大深远。[85]
>
> 念不起，空无所有，名正定。能见念不起，空无所有，名为正慧。[86]

值得注意的是，《历代法宝记》中却说神会在荆府时曾对无相的弟子说，诜禅师、唐禅师（处寂）、金禅师（无相）均“不说了教”，而“虽然不说了教，佛法只在彼处”。[87]同时又引无相禅师语：“我此三句语，是达磨祖师本传教法，不言是诜和上、唐和上所说。……缘诜、唐二和上不说了教，曲承信衣。”[88]无相是新罗人，来华入洛时间是开元十六年（公元七二八年），不久以后便入蜀。其时，惠能、神会的禅法尚未盛行北土，而神会与神秀门下争正统的抗争却正处在激烈之中。以上说法表明，智诜系当时也在神会的排斥之中，或者说，智诜门下并不以神会为同道，而是以无相为正宗的。所以《历代法宝记》又说，“开元中，（在）滑台为天下学道者定其宗旨。会和上云：更有一人说，会终不敢说。为会和上不得信袈裟”[89]。无相禅师则不但得达磨祖师本传教法，更得传信袈裟，因而是名正言顺的禅门正宗。将无相与诜、唐二禅师区别开来，这从一个侧面反映了神会在滑台为天下定宗旨在当时所造成的影响是十分巨大的。无相门下有一弟子亦名神会，其禅法之大略为“寂照灭境，超证离念，即心是佛，不见有身”[90]。由于他“利根顿悟、冥契心印”，无相乃叹曰：“吾道今在汝矣。”[91]无相还留下了“见性成佛”[92]等法语。这些都表明了无相之道重顿悟心印，与惠能南宗禅相通而与神秀北宗禅相异。

但是，无相禅法在形式上却又与神秀系的重视坐禅相同，而与南宗的反对执着于坐禅不合。据宗密的记载，无相“授法了，便令言下息念坐禅。至于远方来者，或尼众俗人之类，久住不得，亦直须一七、二七坐禅，然后随缘分散”[93]。他自己则“每入定，多是五日为度”[94]。可见，净众寺无相的禅法是既不同于北宗，也不同于南宗的。

保唐寺无住的禅法与无相大体相同，只是在禅法思想和禅行生活上更加与南宗相近。“其门传其法，示无念之义，不动不寂；说顿悟之门，无忆无念”[95]，无住主张“见性成佛道，无念即其性”[96]，认为“众生本性，见性即成佛道，着相即沉沦”[97]。宗密在《圆觉经大疏钞》中称无住的禅法为“教行不拘而灭识”。据载，无住先遇老安的俗弟子陈楚章开示而领悟[98]，“后游蜀中，遇金和上开禅，亦预其会。但更谘问，见非改前悟，将欲传之于未闻，意以禀承俗人，恐非宜便，遂认金和上为师。指示法意大同，其传授仪式，与金门下全异”[99]。相异在何处呢？

异者，谓释门事相，一切不行。剃发了便挂七条，不受禁戒。至于礼忏、转读、画佛、写经，一切毁之，皆为妄想。所住之院，不置佛事。故云教行不拘也。

言灭识者，即所修之道也。意谓生死轮转，都为起心。起心即妄。不论善恶，不起即真。亦不似事相之行，以分别为怨家，无分别为妙道。……

毁诸教相者，且（其？）意在息灭分别而全真也。故所住持，不议衣食，任人供送。送即暖衣饱食，不送即任饥任寒。亦不求化，亦不乞饭。有人入院，不论贵贱，都不逢迎，亦不起动。赞叹、供养、怪责、损害，一切任他。良由宗旨说无分别，是以行门无非无是，但贵无心而为妙极，故云灭识也。[100]

保唐寺无住“教行不拘”的禅法破除释门一切事相，所住之院亦不置佛事，唯以“不起心”“无分别”为妙道，主张行、住、坐、卧，一切时中总是禅而心不住于禅[101]，这是发展了达磨以来禅法中“任运为修”的修行观而与惠能南宗门下的禅风相近。不过，无住的禅行生活虽然不求化，不乞食，却仍然受人供养而不是自食其力，这与南宗门下的“农禅并作”仍有一定的差距。

根据上述对智诜系禅法的分析，我们可以得出这样的结论：把此系归入北宗是肯定不合适的，而归入南宗也未必恰当。就实论之，应该说他们是弘忍门下独立的一支。据《历代法宝记》载，智诜曾以“生则有欲”的回答赢得了武则天的“倍加敬重”，武则天还将从惠能处拿来的达磨祖师传信袈裟赐予智诜“将归故乡，永为供养”。从此以后，智诜门下便“嫡嫡相传付授”这一“表其法正，令后学者有其禀承”的法衣了。[102]这表明智诜门下虽因当时“天下知闻曹溪法最不思议”而承认惠能得着了弘忍的付法传衣，但同时又认为，自惠能以后，本系便代表了达磨以来的正宗，这正反映了他们想独立于南北宗之外的企图。这也是《历代法宝记》“亦名《师资众脉传》，亦名《定是非摧邪显正破坏一切心传》，亦名

《最上乘顿悟法门》”的原因。宗密的《禅源诸诠集都序》将“南诜、北秀、保唐、宣什等门下”同归入“息妄修心宗”，认为他们的禅法都是“背境观心，息灭妄念。……如镜昏尘，须勤勤拂拭”，还要“调身调息，跏趺宴默，舌拄上腭，心注一境”[103]，现在看来，这种说法是不甚确切的。[104]

总之，从弘忍门下分头弘化的事实来看，当时禅宗的派系是不能仅以南宗北宗来概括的。但同时也不可否认，即使排除神会与神秀门下争正统的因素，南能北秀仍是代表了中国禅宗的两大基本倾向，即观心守心的渐修禅与直了心性的顿悟禅，前者重“息妄”的修习，后者重“显真”的证悟，而这实际上也就是达摩以来的禅法中所一直包含着的《般若》与《楞伽》的两种倾向分化发展的结果。融会般若实相说与涅槃佛性说，这本是自竺道生以来整个中国佛学发展的共同趋势与特点。中国禅学与禅宗的发展也是与此相一致的。由于楞伽系的心性说具有统一印度唯识系与如来藏系的性质，因此，禅宗兼有《般若》与《楞伽》的倾向，就佛教内部而言，也就可视为对大乘佛学的一种综合，尽管它自己标榜为“教外别传”。从达摩到弘忍，乃至南能北秀，他们的禅法无不同时具有《般若》与《楞伽》这两种思想，只是侧重点有所不同而已。可用如下图式来表示由达摩到南能北秀的发展：

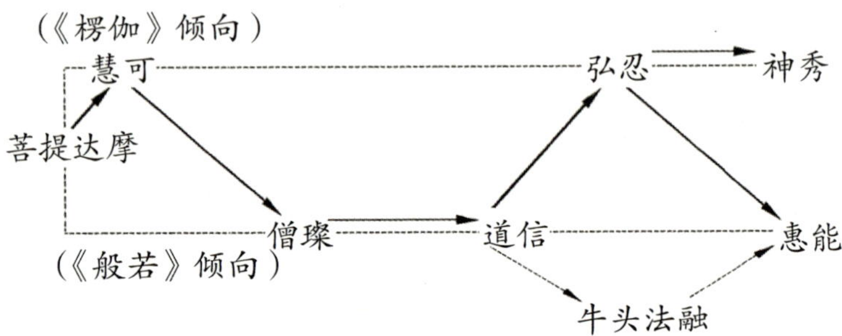

其中实线表示禅宗的传承，虚线则表示他们的禅法思想在《般若》与《楞伽》这两种倾向中所侧重的不同。我们认为，说达摩到弘忍的禅法属“楞伽系”，惠能以下的南宗才转为“般若系”，这并不合乎史实。师资传授，以《楞伽》或《金刚》印证，这可以反映出禅法的不同特点，但从根本上说，这都是禅者的一种方便施设，并不能以此作为判别的唯一标准。弘忍以后，顿悟心性说逐渐成为禅宗发展的趋势，禅宗内部普遍存在着见性成佛的思想倾向，这在弘忍门下分头弘化的各系中均已初露端倪，惠能只是在牛头“泯绝无寄”禅法的影响下，围绕着“顿悟心性”建立起比较完整的禅法体系而已。惠能的禅法并没有离开中国佛学发展的轨道，更没有离开中国禅宗发展的轨道，他顺应佛教中国化的趋势而做出的贡献是值得肯定的，但把他抬高到不适当的高度，把顿悟心性说视为他的独创、首创，这也是不必要的。

注释：

①见敦煌本《菩提达摩南宗定是非论》。

②《大正藏》第八十五册页一二八九。

③事见《曹溪大师别传》及《宋高僧传》卷八《惠能传》《神秀传》等。

④载《金石萃编》卷八一，并见于《全唐文》卷二八〇。

⑤载《全唐文》卷二六二。

⑥见《金石萃编》卷七七，此碑现存于少林寺中。

⑦“青布明”即惠明，道宣《续高僧传》卷二十六有传。

⑧敦煌本《传法宝纪》。

⑨《金石续编》卷六《唐中岳沙门释法如禅师行状》。

⑩敦煌本《传法宝纪》。

⑪⑫⑬《金石续编》卷六《唐中岳沙门释法如禅师行状》。

⑭珪和尚，即李元珪（公元六四四—七一六年）。

⑮此幢现存洛阳龙门。

⑯敦煌本《坛经》第二十五节。

⑰见《大唐中岳东闲居寺故大德珪和尚纪德幢》。

⑱见《禅宗北宗初探》，载《世界宗教研究》一九八

三年第二期；《读禅宗大师〈法如碑〉书后》，载《世界宗教研究》一九八一年第一期。

⑲“一代只许一人”乃是神会在为惠能争法统时提出来的（见《菩提达摩南宗定是非论》），北宗一般并没有这种主张，即使是在法统之争激烈展开之时，北宗仍有普寂与义福同受神秀付嘱的说法，见严挺之的《大唐故大智禅师碑铭并序》（载《金石萃编》卷八一）。

⑳见《禅宗北宗初探》。

㉑敦煌本《传法宝纪》。

㉒㉔《宋高僧传》卷八《神秀传》。

㉓㉕张说《大通禅师碑文》。

㉖一说大足元年（公元七〇一年）。

㉗《宋高僧传》卷八《神秀传》。

㉘张说《大通禅师碑文》。

㉙㉜《景德传灯录》卷四，《大正藏》第五十一册页二三一。

㉚净觉《楞伽师资记·原序》。

㉛事见《旧唐书》卷一九一。

㉝《全唐文》卷一七。《曹溪大师别传》所载文字与此稍有不同。

㉞《菩提达摩南宗定是非论》（胡适校订本）。

㉟胡适认为，普寂所修的《法宝纪》，即现存署名杜

朏的敦煌本《传法宝纪并序》，杜朏为代笔或借名的人（见胡适《校写菩提达摩南宗定是非论后记》），若然，则《传法宝纪》便不是出自法如门下，而本来就是神秀门下所作了。

㊱宗密《圆觉经大疏钞》卷三之下，《卍续藏经》第十四册页二七七。

㊲见胡适校订的《菩提达摩南宗定是非论》。

㊳《宋高僧传》卷八《神会传》。

㊴神会在南阳住了近十年，被称为“南阳和尚”。敦煌新发现的唐写本中有《南阳和上顿教解脱禅门直了性坛语》与《南阳和上问答杂征义》（即《神会语录》，刘澄集）等。

㊵㊶㊷见胡适校订的《菩提达摩南宗定是非论》。

㊸据宗密的说法，在神秀之时，“但称达磨之宗，亦不出南北之号”，南北禅宗的区分是在神会入洛以后：“天宝初，荷泽入洛，大播斯门，方显秀门下师承是傍，法门是渐。既二宗双行，时人欲拣其异故，标南北之名，自此而始。”（宗密：《禅门师资承袭图》）。

㊹胡适校订的《菩提达摩南宗定是非论》。

㊺㊻《圆觉经大疏钞》卷三之下，《卍续藏经》第十四册页五五三—五五四。

㊼《宋高僧传》卷八《惠能传》。

㊽《金石萃编》卷八一《大唐故大智禅师碑铭并序》。

㊾今湖北均县。

㊿52 53《宋高僧传》卷八《神会传》。

51《圆觉经大疏钞》卷三之下，《卍续藏经》第十四册页五五三。

54同注51，页五五四。宗密的《禅门师资承袭图》中有相同的说法，但胡适曾对宗密这一记载的真实性提出过疑问，见胡适《跋裴休的〈唐故圭峰定慧禅师传法碑〉》。

55刘禹锡《大唐曹溪第六祖大鉴禅师第二碑》。

56柳宗元《曹溪第六祖赐谥大鉴禅师碑》。

57即禅宗第三祖僧璨。

58《全唐文》卷三九〇。

59据胡适晚年考订，神会卒于宝应元年（公元七六二年），据一九八三年于洛阳出土的《大唐东都荷泽寺殁故第七祖国师大德于龙门宝应寺龙岗腹建身塔铭并序》所记，神会卒于乾元元年（公元七五八年）。

60胡适《致柳田圣山书》。

61即李德裕（公元七八七—八五〇年）。

62即崇珪（公元七五一—八三六年）。

63《宋高僧传》卷九《崇珪传》。

㉞《中国佛教思想资料选编》第二卷，第二册页四六〇。

㉟以上引文均引自胡适校订的《菩提达摩南宗定是非论》。

㊱《祖堂集》中也将神秀、老安、道明等共称“北宗”。

㊲《世界宗教研究》一九八三年第二期页二十四。

㊳《传法宝纪》中曾说“及忍、如、大通之世……齐速念佛名，令净心”，但这只能说明如、秀皆承东山法门而来，并不能说明他们的禅法一致。

㊴见《楞伽师资记》。

㊵净觉的《楞伽师资记》将神秀、老安与玄赜三人并列为“第七代”楞伽师。

㊶玄赜所作《楞伽人法志》记弘忍临终对其曰：“吾涅槃后，汝与神秀，当以佛日再晖，心灯重照。”

㊷《景德传灯录》卷四，《大正藏》第五十一册页二三一。

㊸《历代法宝记》，《大正藏》第五十一册页一八六。

㊹《楞伽师资记·原序》。

㊺《历代法宝记》作公元六六五—七三二年。

㊻《历代法宝记》作公元六八四—七六二年。

㊼《卍续藏经》第十四册页五五五—五五六。

⑱同注⑰，页五五六。

⑲《荷泽和尚与拓跋开府书》。

⑳宗宝本《坛经·定慧品》。

㉑吕澂先生认为智诜系的“三句”与新本《大乘起信论》所言“息念”的思想完全一样，并推定新本《起信论》为智诜一系所改作。此说可以参考，见吕澂的《〈大乘起信论〉考证》一文。

㉒㉓《大正藏》第五十一册页一八五。

㉔㉕见胡适校订的《南阳和上顿教解脱禅门直了性坛语》。

㉖《神会语录》第十九节。

㉗㉘㉙㉜《历代法宝记》，《大正藏》第五十一册页一八五。

㉚㉛《宋高僧传》卷九《净众寺神会传》。

㉝《卍续藏经》第十四册页五五六。

㉞《宋高僧传》卷十九《无相传》。

㉟㊱《历代法宝记》，《大正藏》第五十一册页一九五。

㊲同注㉟，页一九三。

㊳据《历代法宝记》，无住在遇到陈楚章以后，又往礼拜自在和尚，并于天宝八年（公元七四九年）受具戒。自在和尚是六祖的弟子。温玉成的《禅宗北宗续探》（载

《世界宗教研究》一九八五年第二期）却将自在和尚说成是出自怀让系的自在（公元七四一——八二一年），说无住依其剃发披衣，天宝八载受具戒。这显然是错误的。天宝八载，三十六岁的无住怎么可能依年方九岁的自在剃发披衣受戒呢？更何况《历代法宝记》称自在和尚为“老和上”！

⑲⑳《卍续藏经》第十四册页五五六。

(101)见《历代法宝记》。

(102)《大正藏》第五十一册页一八四及其后诸页。

(103)《大正藏》第四十八册页四〇二。

(104)宗密在《中华传心地禅门师资承袭图》中的说法与此稍有不同。他在叙述了北宗意后，自注云：“剑南复有净众宗，旨与此大同。复有保唐宗，所解似同，修全异。”

第三节　观心看净、方便通经

在弘忍百千徒众中，“神秀上座是教授师”[①]，是大家公认的禅学理论家。弘忍曾赞叹：“东山之法，尽在秀矣。”[②]并与神秀言：“吾度人多矣，至于悬解圆照，无先汝者。”[③]关于神秀的禅法，史传上虽略有记载，却未言有何专门的著作存世。《楞伽师资记》则明确地说神秀“不出文记”。近代新发现的敦煌卷子中有几个本子，一般认为是神秀所述，而由其弟子们记录整理，可以代表神秀北宗的禅法。它们是：

一、《大乘无生方便门》。

二、《大乘五方便（北宗）》，亦名《北宗五方便门》。

三、《无题》（一），与前本为同一种，两者互有增补。

四、《无题》（二），并附《赞禅门诗》一首。

（以上叙述的都是“五方便”）

五、《大乘北宗论》。

以上这些本子，日本学者宇井伯寿在其所著的《禅学史研究》第八部分“北宗残简”中均将它们收录。另外，一向在日本流传的神秀《观心论》一卷也在敦煌发现了好几个本子，《大正藏》第八十五册收录了其中的一种，但缺少开头的一段。而《大正藏》第四十八册收录的《少室六门》之二《破相论》，其实就是《观心论》的异抄本，且可以补充首缺部分。黄永胜博士主编的《敦煌宝藏》将各种敦煌卷子编集成册，查考颇便。下面，我们根据敦煌的有关资料，并结合宗密、净觉、张说等人的记载与《传灯录》《宗镜录》中的一些内容，对神秀为代表的北宗禅法做一概要的分析。

现在一般谈到神秀的禅法，都习惯于将它与《楞伽经》联系在一起，认为神秀的禅法继承了达磨以来依持《楞伽经》的传统，而惠能的变革则在于以《金刚经》替代了《楞伽经》。这种看法有一定的道理。张说的《大通禅师碑文》中有“持奉《楞伽》，递为心要”的说法④；李邕的《大照禅师塔铭》中也记述说：普寂诣神秀，神秀“令看《思益》，次《楞伽》，因而告曰：此两部经，禅学所宗要者”⑤；净觉的《楞伽师资记》则记载了弘忍之语：“我与神秀，论《楞伽经》，玄理通快，必多利益”。这些都表明了神秀禅法与《楞伽经》的关系。然而，若对现有资料做一综合的考察分析，我们就会发现，这种看法并不是很确切的，至少不能完全反映出神秀禅法的特色。《楞伽师资记》保存了神秀法语十三则，所引佛经中没有《楞伽经》；神秀的五方便所会通的诸经典中亦未提及《楞伽经》，而是以《大乘起信论》为首。事实上，神秀的禅法就是按照《起信论》的思想组织起来的，在他的方便法门中还融入了一定的般若思想。当然，若从《起信论》是依《楞伽经》而作的角度来看，说神秀的禅法仍以贯穿楞伽精神为主，这也未尝不可。但《起信论》与《楞伽经》毕竟是有所不同的，《起信论》对《楞伽经》思想是有所发展的。

关于神秀的禅法，我们可以从两个方面来加以认识：一是他禅法的理论基础，这主要表现在他的《观心论》中，从中可以看到他对弘忍“守本真心”说的继承与发挥；二是他禅法的方便法门，主要体现在《大乘无生方便门》等本子中，这部分内容，清楚地反映了神秀对道信以来禅法的发展。《楞伽师资记》引神秀语云：“我之道法，总会归体用两字，亦曰重玄门，亦曰转法轮，亦曰道果。”“体用”二字确实可以作为理解神秀全部禅法的纲领，神秀的禅学理论与方便教法都是依此展开的。神秀的“体用”说是从《大乘起信论》的“一心二门”而来的，他的《观心论》是通过对心之体用的理解而强调观心、守心的必要性，他的“五方便”则是体用不二说在修禅实践中的具体贯彻。

神秀《观心论》的宗旨可说是与弘忍的《最上乘论》基本无二，论证方法却是有所不同的。弘忍的“守本真心”论依据的也是《大乘起信论》的真妄二心说，以妄心不起、真心不失为解脱。但他主要是就清净的心本体立论的，他强调的是自心本来清净、不生不灭，为万法之本、诸佛之师，只要守住这一自性圆满的清净心，便能证涅槃、得佛果，到达解脱之彼岸。而神秀却是遵循“学道之法，必须……先知心之根源及诸体用”[⑥]的思路，依据《起信论》的思想，从体用相即出发，论证了真妄二心的一体同源，互不相生，从而强调了息妄修真这一“观心”修行法的可能性与必要性。神秀立足于“行”而发挥了弘忍的“守本真心”论。

根据《大乘起信论》的思想，心的清净本体与心的生灭作用并不是一种相生的关系，而是相依的关系，是体用相即不离的一心之二门，不生不灭、无有变异的真心与有生有灭的妄心是“非一非异的”。妄心起念，本觉的真心就会因无明障覆而成不觉。觉与不觉也是相互依存的：若离觉性则无不觉；若离不觉之心，则无真觉自相可说。通过止观修行，心体离念，证得法界一相，即得涅槃解脱。神秀依据这种思想提出了他的《观心论》。他强调：“心者，万法之根本也。一切诸法，唯心所生，若能了心，万行具备。”[⑦]此心不但是“众善之源”，也是“万恶之主”，因此，修行解脱或沉沦三界，无不依此一心。他说：

菩萨摩诃萨行深般若波罗蜜多时，了四大五蕴本空、无我，了见自心起用有二种差别，云何为二？一者净心，二者染心。其净心者即是无漏真如之心，其染心者即是有漏无明之心。此二种心，自然本来俱有，虽假缘和合，互不相生。净心恒乐善因，染心常思恶业。若真如自觉，觉不受所染，则称之为圣，遂能远离诸苦，证涅槃乐。若随染造恶，受其缠覆，则名之为凡，于是沉沦三界，受种种苦。

净染二心皆本一心，人自有之，通过观心的修行，息妄显真，除染还净，了悟本觉真心，即得解脱。“故知一切诸善，以觉为根。因其觉根，遂能显现诸功德树，涅槃之果由此而成。”由此可见，观心是多么重要。所以神秀说，虽观心一法，总摄诸行，是求佛道之最为省要的修行之法。

所谓观心，就是要明了自心起用而有净染二心的道理。由于“一切善恶，皆由于心”，依净心而得解脱，依染心则受苦种种，因此，观心之法最终就要求能摄心而离诸邪恶，从而断灭诸苦，自然解脱。神秀的《观心论》在强调“心为出世之门户，心是解脱之关津”的同时，更着重说明了“三界轮回，亦从心起”，突出了对真如之体受无明妄心障覆故众生轮回受苦的论述，显示了他的禅法重心在于“息妄”的修行之特色。

神秀认为，众生之所以轮回受苦，不得解脱，全在于无明之心障覆了真如之性。他说：“一切恶业由自心生。”“三界业报，唯心所生。本若无心，则无三界。”这里所说的心，都是指无明之心。无明之心虽有八万四千烦恼情欲及恒沙众恶，取要言之，皆由贪、嗔、痴三毒以为根本。此三毒“若应现六根，亦名六贼。其六贼者，则名六识。出入诸根，贪着万境，能成恶业，损真如体，故名六贼”。三毒六贼就是众生不得解脱的根本原因：“一切众生由此三毒及以六贼，惑乱身心，沉没生死，轮回六道，受诸苦恼。……求解脱者，除其三毒及以六贼，自能除一切诸苦。”这样，除三毒、净六根也就成为观心禅法的主要修习内容与所要达到的目的：“知一切恶业由自心生，但能摄心离诸邪恶，三界六趣轮回之业自然消灭，能灭诸苦，即名解脱。”摄心就是“身心不起，常守真心”⑧，离恶就是心体离念，六根清净。

神秀还用“观心”来统摄念佛法门。他区别了口诵与心念的不同，把念佛解释为“坚持戒行”“觉察心源”。他认为，了知自心清净是正念，执着音声之相是邪念。神秀的所谓念佛实际上就是观心看净。他说：

夫念佛者，当须正念。了义为正，不了义即为邪。

正念必得往生净国，邪念云何达彼？佛者觉也，所谓觉察心源，勿令起恶。令者，忆也，谓坚持戒行，不忘精勤。了如此义，名为正念。故知念在于心，不在于言。因筌求鱼，得鱼忘筌。因言求意，得意忘言。既称念佛之名，须行念佛之体。若心无实，口诵空言，徒念虚功，有何成益？且如诵之与念，名义悬殊。在口曰诵，在心曰念。故知念从心起，名为觉行之门；诵在口中，即是音声之相。执相求福，终无是处。

从神秀的这一大段话中可以看出，神秀所言之念佛与道信所倡导的“一行三昧”念佛禅是既有同又有异的。神秀把念佛与观心联系在一起，把向外求佛转为反观自心，这与道信“念佛即是念心，求心即是求佛”[9]的思路是完全一致的。但是，道信的念佛法门有明显的般若倾向，所念之佛或所念之心都有“非名非相”的般若实相之义，所以道信说，“无所念者，是名念佛”，“即念佛心名无所念”[10]。而神秀的念佛或观心却依据《起信论》而突出了道信禅法中所蕴含的“真心”因素。

神秀的念佛就是观心，他把念佛解释为“觉察心源，勿令起恶”，正是《起信论》“以觉心源故，名究竟觉；不觉心源故，非究竟觉”[11]的思想。这里的佛或心均为自性清净心，亦即本觉的真如之体。神秀是依《起信论》

的本觉真心立说的。他在解释“佛”义时曾这样说：

佛是西国梵语，此地往翻名为觉。所言觉者，为心体离念。离念相者，等虚空界，无所不遍，法界一相，即是如来平等法身。于此法身说名本觉。觉心初起，心无初相。远离微细念，了见心性。性常住，名究竟觉。[12]

这里，神秀完全是引用了《起信论》的“觉”义在释“佛”义。《起信论》的“法界一相”与道信所引《文殊说般若经》中的“法界一相”是大不相同的。《文殊说般若经》的“法界一相”是不可思议、无言说相的般若实相，因此道信的“一行三昧”实际上是证得般若空观的一种禅定。而《起信论》的“法界一相”是如来平等法身，是自性清净心，因此，《起信论》也把“一行三昧”称作“真如三昧”，论中说：“依此三昧故，则知法界一相，谓一切诸佛法身与众生身平等无二，即名一行三昧，当知真如是三昧根本”[13]，通过摄心正念而“随顺得入真如三昧”[14]。神秀发挥的就是这种思想，所以他说：

佛心清净，离有离无。身心不起，常守真心（如）。什么是真如？心不起心真如，色不起色真如。心真如故心解脱，色真如故色解脱。心色俱离，即无一物，是大菩提树。[15]

心体离念，妄想并除，常守本觉之心真如，即证得法界一相之如来境界。神秀的这种思想，与其说是对道信念佛禅的继承，不如说是对弘忍守本真心说的发挥。因此，虽然神秀在强调念佛需“正念”时也引用了《金刚经》文“凡所有相皆是虚妄”，但他并不是在发挥般若空义，而是在论述《起信论》“一切法本来无相。……心若驰散，即当摄来住于正念。是正念者，当知唯心无外境界”[16]的真心无相非妄论。

由于神秀依一心而立净染、善恶、凡圣等等的不同，以“观心”这一返身向内的精神活动来统摄佛教的一切修行活动，因此，他十分反对“修伽蓝、铸形像、烧香、散花、燃长明灯”等外在的形式主义的求佛道之行。他曾说：“窃见今时浅识，唯事见相为功，广费财宝，多积水陆，妄营像塔，虚役人夫，积木垒泥，图丹画绿，倾心尽力于己迷他，未解惭愧，何曾觉悟？”他指责这种行为是“但贪目下之小慈，不觉当来入大苦。此之修学，徒自疲劳，背正归邪，诈言获福”。在他看来，“若不内行，唯只外求，希望获福，无有是处”，因为如此行“于真性一无利益”。他把经中所说的“修伽蓝、铸形像”等等都解释为是佛要求众生“观心”“修心”的方便说法。例如“伽蓝”，神秀说：“言伽蓝者，西国梵音，此地翻为清净处地。若永除三毒，常净六根，身心湛然，内外清净，是名为修伽蓝也。”“铸形像”也是如此，它是内心的修习而不是外在的造作，“是故求解脱者，以身为炉，以法为火，智慧为工匠，三聚净戒[17]、六波罗蜜以为画样，熔炼身心真如佛性，遍入一切戒律模中，如教奉行，以无漏缺，自然成就真容之像。所为究竟常住微妙色身，非有为败坏之法。若人求道，不解，如是铸写真容，凭何辄言成就功德？”神秀这种不劳外求，只须就自己身心上修练的思维途径与惠能南宗禅法是一致的。对照惠能所说的“造寺布施供养，只是修福，不可将福以为功德。……自修身是功，自修心是德。功德自心作，福与功德别”[18]，神秀在强调宗教世界观的确立方面与惠能南宗也是一致的。

值得一提的是，神秀的观心法门也是主张“顿悟”的。既然“一切善业由自心生，但能摄心，离诸邪恶，三界六趣，轮回之业，自然消灭，能灭诸苦，即为解脱”，那么，要获得解脱，显然就无须累世修行了。对此，神秀专门从理论上做了说明。他把佛所说的“三大阿僧祇劫”解释为“三毒心”，认为只要通过观心以除三毒心，就是度得三大阿僧祇劫了。《观心论》中有如下一则问答：

问：如佛所说，我于三大阿僧祇劫无量勤苦，方成佛道。云何今说唯除三毒即名解脱？答曰：佛所说言三大阿僧祇劫者，即三毒心也。胡言阿僧祇，汉言不可数。此三毒心于一念中皆为一切恒河沙者不可数也。真如之性既被三毒之所覆障，若不超越彼三恒河沙毒恶之念，云何名得解脱也？今者能除贪、嗔、痴等三种毒心，是则名为度得三大阿僧祇劫。末世众生愚痴钝根，不解如来三种阿僧祇秘密之说，遂言成历劫。

这里充分体现了神秀自由解经、随意发挥、为我所用的态度。他把经历无数长的时间说成是去除一念之中无数多的毒恶之心，并以此说为唯一的正解。若不作如此解，便被说成是愚痴钝根的末世众生。由于神秀以去除一念之中三毒心的观心法门取代了累世修行说，将解脱从遥远的未来移到了当世，因此，他在强调“时时勤拂拭”的同时，也反复强调了“顿悟”。《大乘无生方便门》中说：“一念净心，顿超佛地。”《大乘五方便（北宗）》中也说：“豁然无念是定，见闻觉知是慧，不动是开。……悟则朝凡暮圣，不悟永劫常迷。”《观心论》更是在反复说明“涅槃常乐由自心生，三界轮回亦从心起”，故不必外求，唯须内修的基础上，带有总结性地说：“但能摄心内照，觉观常明，绝三毒心，永使消亡，闭六贼门，不令侵扰，自然恒沙功德，种种庄严，无数法门，悉皆成就。超凡证圣，目击非遥，悟在须臾，何烦皓首？”这些都充分说明，顿悟也是神秀北宗的基本主张。

但是，自从神会攻击神秀北宗“法门是渐”以来，习惯上都是以“南顿北渐”来区别南北禅宗之不同，对此怎么理解？近代有些学者根据南宗不废渐修，北宗也主张顿悟来反对“南顿北渐”的区分，认为“这是不确切的”[19]。诚然，在神秀、惠能之时，是并不以顿渐为对立的。惠能说：“法无顿渐，人有利钝。”[20]“人有两种，法无不一，迷悟有殊，见有迟速。”[21]这都是把顿渐归之为人的根机之不同，并不认为禅法本身有什么差异的。惠能还说：“我此法门，从上已来，顿渐皆立无念为宗，无相为体，无住为本。”[22]这就把顿渐皆摄入自己的禅学法门之中了。但是，若就南北禅宗的立足点来看，则“南顿北渐”确实标志着南北禅宗禅法上的差异。“南顿”是说南宗重顿悟，“北渐”是说北宗重渐修。

宗密的《禅源诸诠集都序》在论及顿渐时曾说：“就教有化仪之顿渐、应机之顿渐。就人有教授方便之顿渐、根性悟入之顿渐、发意修行之顿渐。”[23]这就是说，顿渐可约修行而言，亦可约证悟而言。宗密还归纳了诸经论及诸禅门关于顿渐的不同说法六种：“或云先因渐修功成，豁然顿悟；或云先须顿悟方可渐修；或云由顿修故渐悟；或云悟修皆渐；或云皆顿；或云法无顿渐，顿渐在机。”[24]对照言之，神秀北宗当属渐修顿悟[25]，惠能南宗则在主张“法无顿渐，顿渐在机”的同时，又具“悟修皆顿”的倾向。《坛经》中不仅始终贯串着顿悟心性的思想，而且也言及了顿修，认为“自性自悟，顿悟顿修”[26]，“迷即渐契，悟人顿修”[27]。神会虽然标榜为惠能的嫡传，其实，在顿渐问题上，他与惠能也是有差异的，他主张的是“顿悟渐修”。他说：“夫学道者须顿见佛性，渐修因缘。……譬如母顿生子，与乳，渐渐养育，其子智慧自然增长。顿悟见佛性者，亦复如是，智慧自然渐渐增长。”[28]宗密说：“荷泽则必先顿悟，依悟而修。”[29]这是符合实际的。但是，惠能与神会都有一个共同的特点，即他们的禅法重心都是直了心性而不假修持。南北禅宗的一个重要区别就在于：北宗禅法始终着眼于“息妄”的渐修，而南宗禅法却始终着眼于直了心性的“顿悟”。“南顿北渐”即是就南北禅宗的禅法分别立足于顿悟与渐修而言的。神会在滑台攻击北宗“法门是渐”时是这样说的：“若教人坐，（教人）凝心入定，住心看净，起心外照，摄心内证者，此是障菩提。”他认为：“我六代大师一一皆言单刀直入，直了见性，不言阶渐。……今言坐者，念不起为坐；今言禅者，见本性为禅。所以不教人坐身住心入定。”[30]可见，神会所说的“法门是渐”主要是针对北宗的坐禅渐修法门而言的，“法门是渐”并不等于就不讲顿悟，而是说它注重“渐修”，执着形式，最终不可能契悟心性。宗密在《禅源诸诠集都序》中也说曹溪荷泽所呵毁的是北宗住心伏心等坐禅方便。[31]

神秀也主张顿悟，他以当世解脱取代了累世修行，这反映了弘忍门下禅法的普遍倾向。但神秀北宗所言之“顿悟”是建立在渐修种种“观心”的禅定方便法门基础之上的，而不是像南宗那样的“直了”。神秀反对外修，却仍然保留了内摄。张说的《大通禅师碑文》述神秀的禅法曰：“尔其开法大略，则专念以息想，极力以摄心。其入也，品均凡圣；其到也，行无前后。趣定之前，万缘尽闭；发慧之后，一切皆如。”[32]这里，就证得的悟境而言，与南宗并无多大差别，但把这种悟境置于“息想”“摄心”的禅定之后，则显出了与南宗“直了见性”的差异。宗密的《禅源诸诠集都序》把神秀北宗的禅法归入“息妄修心宗”，他说：

息妄修心宗者，说众生虽本有佛性，而无始无明覆之不见故轮回生死。诸佛已断妄想故见性了了，出离生死，神通自在。当知凡圣功用不同，外境内心各有分限。故须依师言教，背境观心，息灭妄念。念尽即觉悟，无所不知。如镜昏尘，须勤勤拂拭，尘尽明现，即无所不照。又须明解趣入禅境方便，远离愦闹，住闲静处，调身调息，跏趺宴默，舌拄上腭，心注一境。[33]

可见，神秀禅法所重的是背境观心、息灭妄念的坐禅渐修法。从这里可以清楚地看到神秀禅法与《楞伽经》《起信论》思想的密切关系。《楞伽经》中有一段话专门谈了顿与渐的问题：

世尊，云何净除一切众生自心现流？为顿为渐耶？佛告大慧：渐净非顿。如庵罗果，渐熟非顿。如来净除一切众生自心现流，亦复如是，渐净非顿。譬如陶家造作诸器，渐成非顿。如来净除一切众生自心现流，亦复如此，渐净非顿。譬如大地，渐生万物，非顿生也。如来净除一切众生自心现流，亦复如是，渐净非顿。譬如人学音乐、书画种种技术，渐成非顿。如来净除一切众生自心现流，亦复如是，渐净非顿。譬如明镜，顿现一切无相色像。如来净除一切众生自心现流，亦复如是，顿现无相、无有所有清净境界。如日月轮，顿照显示一切色像，如来为离自心现习气过患众生，亦复如是，顿为显示不思议智最胜境界。[34]

有的学者认为《楞伽经》在这里既讲顿、又讲渐，是思想上的混乱，我却认为这里表达的正是“渐修顿悟”的思想。“如来净除一切众生自心现流”，这是息妄的修行，犹如磨镜，是“渐净非顿”的。净除之时，“顿现无相、无有所有清净境界”，犹如明镜现像，这是“顿”而非“渐”的。宗密在《圆觉经大疏钞》卷三中对此有过解释：“上之四渐，约于修行，未证理故；下之四顿，约已证理故。”这种“渐修顿悟”的思想即为神秀的禅法所本。依《楞伽经》而作的《起信论》更是具体谈到了背境观心、息灭妄念的修行。《论》中说：“心性不生不灭，一切诸法唯依妄念而有差别。若离心念，则无一切境界之相。”“若修止者，住于静处，端坐正意。……亦不得随心外念境界，后以心除心，心若驰散，即当摄来住于正念。”[35]这不正是神秀的“背境观心，息灭妄念”的渐修禅法吗？

宗密在《禅门师资承袭图》中还曾引用神秀呈五祖的偈文来说明北宗禅法的重心在于息灭妄念的修习。神秀的偈文，敦煌本《坛经》记为：“身是菩提树，心如明镜台。时时勤拂拭，莫使有尘埃。”在其他各种版本的《坛经》中，惠能的得法偈有很大的改动，而神秀偈却基本相同。任继愈先生曾认为：“所谓神秀偈，只是为了作为惠能偈的陪衬而制作出来的，即通过神秀的‘不了义’，反衬惠能的彻悟和高明。它与神秀无甚瓜葛，倒是与惠能的弟子们的关系甚大。”[36]这种看法可以参考。但神秀偈以清净心为依持，强调“时时勤拂拭”的修行，这确实反映了北宗禅法的基本特点。神秀北宗禅法的这种特点与弘忍的禅法思想也是一脉相承的。“北宗意者，众生本有觉性，如镜有明性。烦恼覆之不见，如镜有尘暗……息灭妄念，念尽则心性觉悟，无所不知，如磨拂昏尘，尘尽则镜体明净，无所不照”[37]，这与弘忍所说的“众生佛性本来清净，如云底日，但了然守本真心，妄念云尽，慧日即现。……譬如磨镜，尘尽明自然现”[38]，两者的禅修途径如出一辙，均主“拂尘看净”。宗密在《圆觉经大疏钞》中曾以“拂尘看净，方便通经”来概括北宗禅法的特点，这是符合实际情况的。“拂尘看净，方便通经”可以作为北宗渐修禅法的标帜。

拂尘看净，即“时时勤拂拭，莫使有尘埃”。那么，方便通经呢？所谓方便者，指道信以来禅法的五方便门。神秀将五方便门与经教会通起来，所以叫作方便通经。五方便为：“第一总彰佛体，亦名离念门；第二开智慧门，亦名不动门；第三显不思议门；第四明诸法正性门；第五了无异门。”[39]它们依次分别会通《大乘起信论》《法华经》《维摩经》《思益经》《华严经》等佛教经论。神秀对经教的会通，采取的是“六经注我”的态度，与惠能的“心转《法华》”相近，这表明，达磨所传的“借教悟宗”经弘忍“心是十二部经之根本”[40]的提出，到了弘忍门下，已经发生了根本的变化。从内容上看，五方便门也是按照心之体用组织起来的。

第一总彰佛体，是依《起信论》的心体本觉立论的。《起信论》的一心二门说，以心真如为心之体，并认为心体是本觉的。“所言觉义者，谓心体离念，离念相者，等虚空界，无所不遍，法界一相，即是如来平等法身。依此法身，说名本觉。”[41]本觉之心从本以来自性清净，为无明妄念所染而有染心，是为不觉。然虽有染心而常恒不变，心性常无念，“是故一切众生不名为觉，以从本（以）来念念相续，未曾离念”[42]，若得无念，则知心相生、住、异、灭，本来平等，同一觉性。《起信论》以“心体离念”释“觉”义，觉者即佛，故总彰佛体又名离念门，它所要求的是通过“看净”的坐禅方便而离念了心，恢复本觉。

《大乘无生方便门》在说到“看净”的方便时，要求先受菩萨戒，认为“菩萨戒是持心戒，以佛性为戒。性心瞥起即违佛性，是破菩萨戒。护持心不起，即顺佛性，是持菩萨戒”[43]。这是以“守心”为“持戒”。受戒已，即结跏趺坐，一时念佛，以净心地，然后以净心眼看净：

看心若净，名净心地。莫卷缩身心，舒展身心，放旷远看，平等尽虚空看。……看净，细细看，即用净心眼，无边无涯际远看。……向前远看，向后远看，四维上下一时平等看，尽虚空看，长用净心眼看，莫间断亦不限多少看。[44]

如此看净，乃至“常对境界，心无所着”[45]，即了凡所有相，皆是虚妄，不于妄相上起妄念，不随境起，不见一物，唯守真心，身心不起，心色一如，等虚空界，即是法界一相，即是如来平等法身，亦即是自性清净心。于是一切无碍，自在解脱；心体离念，本觉即佛。因此，“清净无一物，是名法身佛；觉了分别，是报身佛；知见自在，是化身佛。三身同一体，一异俱不俱”[46]。可见，“离念门”的方便实际上是由观外境虚妄而返照清净本心，以心摄心，以心观心，以心守心，最后，能观所观、能守所守，皆为一心。净心观净心，实即无观，此即是离念之净心体，即得成佛。所以说：“身心离念，返照熟看清净法身，得入佛道。身心离念，着力硬看清净本觉，得入佛道。”[47]这里体现的正是神秀的禅法总会归心之“体用”两字的特色：

体用分明：离念名体，见闻觉知是用。寂而常用，用而常寂，即用即寂，离相名寂，寂照照寂。寂照者，因性起相；照寂者，摄相归性。舒则弥纶法界，卷则总在于毛端。吐纳分明，神用自在。[48]

因性起相，摄相归性，总不离众生心之体用卷舒。寂照照寂，即体即用，体用互即，皆本于众生之一心。

心体离念即是觉，觉性便是净心体。总彰佛体的“离念门”就在于使众生自识净心体而得成佛：

问：缘没学此方便？答：欲得成佛。问：将是没成佛？答：将净心体成佛。是没是净心？净心体犹如明镜，从无始已来，虽现万像，不曾染着。今日欲得识此净心体，所以学此方便。[49]

总彰佛体的“离念门”主要是依本觉的净心体而说的，余四门则进一步就心之用而说修禅之方便。

“第二开智慧门，依《法华经》开示悟入佛知见也。”[50]这讲的是从定发慧的方便，由本觉的净心体而得佛之知见的净心之用。具体说来就是“身心不动，豁然无念是定，见闻觉知是慧，不动是开，此不动即能从定发慧”[51]，这种解说与《法华经》本意显然是有所不同的。《法华经·方便品》中提出，诸佛世尊唯以一大事因缘故出现于世，这就是欲令众生开佛知见，欲示众生佛之知见，欲令众生悟佛知见，欲令众生入佛知见[52]，这里强调的是佛对众生的开示以及众生在佛开示下的悟入，具有一定的依赖“他力”的倾向。而神秀北宗却将开佛知见完全拉向自身，身心不动即是从定发慧，即是开佛知见，因此，开智慧门亦名不动门。这既体现了神秀对慧可以来“众生识心自度，佛不度众生”[53]思想的继承，也反映了神秀不拘文字、自由解经、重视修持的禅者风格。《大乘五方便（北宗）》中还有一段解释《妙法莲华经》的文字："心不动是妙法，身不动是莲华，身心不动入无量义处三昧，是名《妙法莲华经》。"由此更可见到神秀"方便通经"对经教的态度之一斑。

"开智慧门"是从心性本具智慧出发，以智慧为体，以知见为用的。它要求通过身心不动的禅定而证得佛之知见："意根不动智门开，五根不动慧门开。智用是知，慧用是见。名开佛知见，知见即是菩提。"[54]六根不动而智慧门开，也只有智慧门开，身心才得以不动，两者是相依相生、相即为用的："不动是开。开是没？开智慧。……由开智慧故，得身心不动。"[55]身心不动，六根不起，也就是身心离念，"不见心，心如，心得解脱；不见身，色如，身解脱"[56]，乃至六根清净，六根离障，一切无碍，即为解脱。这正是《观心论》提出的"永除三毒，常净六根，身心湛然，内外清净"的观心要求。

由于心体本觉，觉即为佛，因此，身心离念，六根不动，并不是证入绝对的空寂之定，而是恢复本觉，得知见之用，亦即是成佛。"问：是没是不动？答：心不动。心不动是定、是智、是理；耳根不动是色、是事、是慧。此不动是从定发慧方便。"[57]显然，开智慧门或不动门，是以"智慧"作为"不动"之内涵的。换言之，"不动"

并不只是身心不动的入定，它还包括由定发慧、开佛知见，或者毋宁说，“不动”就是智慧门开，就是得佛知见。所以说：“身心不动为智慧。”[58]“心不动，不动是佛。”[59]《大乘无生方便门》正是以“不动”来统摄定慧这两种修持方便的：

此不动是从定发慧方便，是开慧门，闻是慧。此方便非但能发慧，亦能正定，是开智门，即得智，是名开智慧门。若不得此方便，正定[60]即落邪定，贪着禅味，堕二乘涅槃。以[61]得此方便，正定即是圆寂，是大涅槃。

这里明确地把开智慧门、得圆寂大涅槃之定称作“正定”，以与贪着禅味入空定的“邪定”相区别。如果说，这里还只是把发慧之定与所发之慧同摄入“不动门”，那么，下列说法则直接把定与慧统一到了一体：“二乘人在定无慧……二乘人灭六识证空寂涅槃，是邪定。……二乘人有定无慧名邪，菩萨有定有慧名正。”[62]这就是说，“正定”是有定有慧，定慧双摄的；若有定无慧或有慧无定，那都是二乘人的邪定。对此，《大乘五方便（北宗）》说得更为明确：

二乘有定无慧，有慧无定……菩萨摩诃萨定慧双等。

宗密在《圆觉经大疏钞》中也记述说：

二乘人厌喧住寂，贪着禅味。……菩萨定中有慧，自在知见。[63]

“定慧双等”“定中有慧”之说，显然是从“心体离念为觉”的思想发展而来的。既然心性本具智慧，身心不动即是定，即是开智慧门，那么，即定之时便是发慧之刻，这当然就是逻辑的结论了。就此而言，神秀北宗与惠能南宗似乎并无根本的分歧。惠能说：“善知识，我此法门，以定慧为本。第一勿迷言定慧别。定慧体一不二，即定是慧体，即慧是定用。即慧之时定在慧，即定之时慧在定。善知识，此义即是定慧等。”[64]神会也说：“不于事上生念，是定慧双修。……即定之时是慧体，即慧之时是定用。”[65]视定慧为体用关系，两者相依相即，体一不二，这与神秀北宗认为“心不起是体，见闻觉知是用”[66]，以智慧为体，由定发慧、得知见之用的观点是十分相近的；以“不于事上生念”为定慧双修与“身心不动离念”为定慧双摄，两者也是相通的，其理论基础显然都是心性本觉。事实上，定慧双修始终为中国禅所强调，定慧相依相即则是中国禅宗的一个共同倾向。因此，是否主张“定慧等”，这并不是南北宗的主要区别之一。自胡适以来，人们都习惯于把“定慧等”视为南宗（特别是神会）所特有的观点，认为北宗的主张是“定慧各别”。这种看法还是值得商榷的。

我认为，南北宗在定慧观上的差异，并不在于他们主张定慧等还是定慧别，而是在于他们对修习定慧持根本不同的态度。北宗始终立足于“修”，虽然入“正宗”之时就是智慧门开，但要达到“离念”“不动”的入定则必须凭借一定形式的禅修方便，必须经过观心看净的渐次修习，“趣定之前，万缘尽闭”，这亦表明在入定之前是有一个坐禅“趣定”之过程的，这也正是神会所攻击的“法门是渐”。而且，北宗的观心离念、定慧双等，仍然是有心可观，有定可修，有慧可发，亦即是有所执着的，因为“心若可看，即是境界”[67]，“欲起心有修，即是妄心，不可得解脱”[68]。南宗是以《般若》无所得为禅修的指导思想，以不修为修、无证为证的，所以神会说：

> 念不起，空无所有，即名正定。以能见念不起，空无所有，即名正慧。……即定之时即是慧，即慧之时即是定。即定之时无有定，即慧之时无有慧。何以故？性自如故，是名定慧等学。[69]

可见，南宗的定慧等最终是等于无所得的，所以在修习上是“单刀直入，直了见性，不言阶渐”的，是融禅修于日常行事之中而不拘任何形式的。神会曾经对王维说：我与你谈话之间即定慧俱等。[70]这充分体现了南北宗禅法的根本区别。南北禅法的这种差异与他们对本觉的心性之不同理解有很大的关系，一个是强调自性清净心，一个是直指当下现实的每一念心。对此，我们将在第四、第五章中详说。

“第三，显不思议解脱，依《维摩经》。谓瞥起心是缚，不起心是解。”[71]《维摩经》又名《不可思议解脱经》，以此经明不可思议解脱之法门故。僧肇在《维摩经·不思议品》注中说：“此经自始于净土[72]，终于法供养[73]。其中所载大乘之道，无非不思议法者也。故《嘱累》[74]：此经名不思议解脱法门。”不思议与不可思议，通释为一，谓非感情所测，非浅识所量。《维摩经》有《不思议品》，内曰：“维摩诘言，唯舍利弗诸佛菩萨有解脱名不可思议，若菩萨住是解脱者，以须弥之高广纳芥子中，无所增减，须弥山王本相如故。而四天王忉利诸天不觉不知己之所入，唯应度者乃见须弥入芥子中，是名不可思议解脱法门。又以四大海水入一毛孔，不娆鱼鳖鼋鼍水性之属，而彼大海本相如故。”此处所言之解脱，乃三昧之异名。住此三昧者，“巨细相容，变化随意，于法自在，解脱无碍，故名解脱”[75]。而神秀北宗以“不起心”为解脱，显然是以“心体离念”的思想对不思议解脱法门做了自由的解释。《大乘无生方便门》从这种思想出发，结合《维摩经》“一切法皆如”的基本理论[76]，用“不思不议”“不起心思议”对上引《维摩经》中一段话做了进一步的发挥：

> 问：是没是不思不议？答：心不思，口不议。心不思，心如，心离系缚，心得解脱。口不议，色如，色离系缚，色得解脱。心色俱离系缚，是名不可思议解脱。

菩萨住此解脱，须弥入芥子，无所增减，四大海水入一毛孔，不娆鱼鳖鼋鼍水性之属，这是因为，须弥、芥子是色，大海、毛孔亦是色，“心不思，心如，须弥、芥子俱是色如……海水、毛孔俱是色如”[77]，同一如相，故无所增减无所娆，而彼山山海海本相如故。那么，为何四天王、忉利诸天不觉不知己之所入呢？“缘有思议，不觉不知”[78]，“若无思议则能觉知”[79]。

总之，只要六根不起，不思不议，诸法如如，即为显不思议解脱门。显然，此门是总彰佛体离念门与不动开智慧门的进一步深入，是从不同的角度在发挥“观心”“守心”的意旨，所以说：

> 由六根不起故，一切法不取舍。由一切法不取舍故，口不议，心不思。由不思不议故，一切法如如平等，须弥芥子平等，大海毛孔平等，长短自他平等。由一切法平等故，现一切法正性。[80]
>
> 问：是没是住不可思议解脱法门？（答：）起心思议是缚，不得解脱；不起心思议则离系缚，即得解脱。

心不思心如，是智；口不议色如，是慧。是名不思议智慧解脱法门。[81]

心不思心如，口不议色如，心色一如即是智慧，这是上承开智慧门而说的。不思不议而一切法如如平等，现一切法正性，则过渡到了第四"明诸法正性门"。

五方便的第四门与第五门也都是围绕着心体本觉、离念而得智慧之用的思想展开的。"第四明诸法正性，依《思益经》，谓心不起离自性，识不生离欲际。"[82]罗什译的四卷本《思益梵天所问经》中有这样一则问答："网明言：何谓为诸法正性？梵天言：诸法离自性，离欲际，是名正性。"[83]神秀北宗即以心有所执为自性，识缘五尘为欲际，以心识不起为诸法正性：

云何是自性？云何是欲际？答：心执见闻觉知五阴各有自性，是自性。识缘眼见（是）欲际，识缘耳声、鼻香、舌味、身触，是欲际。心不起常无相清净，是诸法正性。[84]

云何是离自性、离欲际？达磨解云：心不起是离自性，识不生是离欲际，心识俱不起是诸法正性。[85]

这里，所释经文是次要的，重要的在于借释经文来发挥身心离念、恢复本觉的思想，在于从心识不起、诸法如如正性中引出观心、守心的必要性与可能性。从这里，我们可以看到神秀北宗禅法对达磨禅法的继承与发展。“心识不起”显然就是“凝住壁观”的“安心”，而理论基础“诸法如如自性”，从根本上说亦与“凡圣同一真性”无二。然而，由“凡圣”推至“诸法”，不能不说范围大大扩大了；而由舍伪归真进至离念本觉，心性本净向心性本觉演进的佛教中国化轨迹，亦彰明较著。由一切法如如平等而现诸法正性，由明诸法正性而心识不起，心识不起而得智慧之用，即成佛道。对此，敦煌本《无题》（一）中说得很清楚：

由一切法平等故，现一切法正性。于正性中，无心无意无识。无心故无动念，无动念故无思维，无识故无分别。无动念是大定，无思维是大智，无分别是大慧。大定是法身佛，大智是报身佛，大慧是化身佛。三法同体，一切法无异，成佛不成佛无异。清净无障碍，觉觉相应毕竟不间断，永无染着，是无碍解脱道。

“无碍解脱”也就是五方便的第五门。

“第五了无异自然无碍解脱，依《华严经》”[86]，之所以依《华严经》，是在于《华严经》“圆融无碍”的特色。此经以“法界缘起”来说明世界万象的相即相入、圆融无碍，华严宗四祖澄观曾说：

此经以法界缘起……为宗也。法界者，是总相也，包理包事及无障碍；缘起者，称体之大用也。……由斯自在，靡所不通，包含无外，尽是经宗。[87]

“了无异自然无碍解脱门”便依《华严经》的圆融无碍思想，将种种禅修方便与所证之境皆融摄于“自心”之中，因此，它所强调的仍然是心不起念，“心无分别”，依“心无分别”而一切法无异，从而自然无碍解脱：

无相法中无异无分别，心无分别，故一切法无异。长短无异，自他无异，凡圣、生死涅槃、解缚、亲疏、苦乐、违顺、三世、愚智，并皆无异，了无异自然无碍解脱。[88]

心无分别，诸法无异云云，体现的仍然是观心离念的要求，只是在这里更突出了禅修的境界。

综观神秀北宗的五方便门，其内容不外是“观心”禅法的展开，其理论依据则始终不离《起信论》的一心二门体用说。“染净随心，有转变故”[89]成为其禅修方便的出发点。由于其着眼于离念本觉，故特别强调息想摄心的坐禅修习，“凝心入定，住心看净，起心外照，摄心内证”，概括了北宗禅法的主要特征。由于神秀北宗把“真心”与当下坐禅之心结合在一起，因此，北宗禅法所强调的是反观心源，自证自悟。《景德传灯录》卷四载神秀示众偈云：“一切佛法，自心本有，将心外求，舍父逃走。”[90]这反映了自弘忍以后，识心自度、反求诸己已成为禅宗发展的普遍趋向。

注释：

①敦煌本《坛经》第五节。

②张说《大通禅师碑文》。

③《旧唐书》卷一九一《神秀传》。

④《全唐文》卷二三一。

⑤《全唐文》卷二六二。

⑥道信《入道安心要方便法门》引智敏禅师语。

⑦神秀的《观心论》，以下凡不注出处者，均与此同。

⑧《大乘无生方便门》。

⑨⑩《楞伽师资记》引《入道安心要方便法门》。

⑪梁译《大乘起信论》。

⑫神秀:《大乘无生方便门》。

⑬⑭梁译《大乘起信论》。

⑮神秀:《大乘无生方便门》。

⑯梁译《大乘起信论》。

⑰三聚净戒：摄律仪戒、摄善法戒、摄众生戒。

⑱敦煌本《坛经》第三十四节。

⑲侯外庐主编《中国思想通史》第四卷，上册页二七〇。

⑳敦煌本《坛经》第十六节。

㉑同注⑳，第三十一节。

㉒同注⑳，第十七节。

㉓《禅源诸诠集都序》卷下之一，《大正藏》第四十八册页四〇八。

㉔《禅源诸诠集都序》卷上之一，《大正藏》第四十八册页四〇二。

㉕宗密在《禅门师资承袭图》中曾说："北宗但是渐修，全无顿悟。"这并不符合事实。

㉖除敦煌本外，其他各本《坛经》均同此，敦煌本第四十一节则作"自性顿修"。请参见郭朋《坛经校释》第七十九页文以及第八〇页上的第二个注。

㉗敦煌本《坛经》第十六节。惠昕本与契嵩本《坛经》均作"迷人渐契，悟人顿修"，宗宝本《坛经》则作"迷人渐修，悟人顿契"。见郭朋著《坛经对勘》第三十五页。

㉘㉚《南宗定是非论》。

㉙《禅门师资承袭图》。《中国佛教思想资料选编》第二卷，第二册页四七二。

㉛《大正藏》第四十八册页四〇三。

㉜《全唐文》卷二三一。

㉝《禅源诸诠集都序》卷上之二，《大正藏》第四十八册页四〇二。

㉞《楞伽阿跋多罗宝经》卷一，《大正藏》第十六册页四八五—四八六。

㉟梁译《大乘起信论》。

㊱《敦煌坛经写本序》。

㊲《禅门师资承袭图》。

㊳《最上乘论》，《大正藏》第四十八册页三七八。

㊴《大乘五方便（北宗）》。

㊵《宗镜录》卷九十七，《大正藏》第四十八册页九四〇。

㊶梁译《大乘起信论》。

㊷梁译《大乘起信论》。

㊸㊹《大乘无生方便门》。

㊺㊻㊼《大乘五方便（北宗）》。

㊽《大乘无生方便门》。

㊾《无题》（一）。

㊿51宗密《圆觉经大疏钞》卷三之下，《卍续藏经》第十四册页五五四。

52见《大正藏》第九册页七。

53《楞伽师资记》引。

⑭宗密《圆觉经大疏钞》卷三之下，《卍续藏经》第十四册页五五四—五五五。

⑮敦煌本《无题》(一)。

⑯敦煌本《大乘无生方便门》。

⑰敦煌本《大乘无生方便门》。

⑱敦煌本《大乘五方便(北宗)》。

⑲⑳敦煌本《大乘无生方便门》。

⑳原本无“定”字，据《大乘五方便(北宗)》加。

㉑“以”原作“已”，据《大乘五方便(北宗)》改。

㉓《卍续藏经》第十四册页五五五。宗密的《圆觉经大疏钞》是将“定慧”归入五门之三“显不思议解脱门”的。

㉔敦煌本《坛经》第十三节。

㉕敦煌本《南阳和尚顿教解脱禅门直了性坛语》。

㉖敦煌本《北宗五方便门》。

㉗宗密《禅源诸诠集都序》卷上之二。

㉘《神会语录》第二十九节。

㉙㉚敦煌本《荷泽神会禅师语录》第十九节、第二十九节。

㉛宗密《圆觉经大疏钞》卷三之下，《卍续藏经》第十四册页五三三。

㉜㉝㉞“净土”“法供养”和“嘱累”均为《维摩经》

品目名，“净土”即佛国品。

⑦5请参见罗什对《维摩经》的注文。

⑦6罗什译《维摩经·菩萨品》中说：“一切众生皆如也，一切法亦如也，众圣贤亦如也。……夫如者，不二不异。”

⑦7敦煌本《大乘无生方便门》。

⑦8⑧1敦煌本《大乘无生方便门》。

⑦9敦煌本《北宗五方便门》。

⑧0敦煌本《无题》(一)。

⑧2宗密《圆觉经大疏钞》卷三之下。

⑧3《思益梵天所问经·分别品》，《大正藏》第十五册页三六。

⑧4敦煌本《无题》(一)。

⑧5敦煌本《无题》(一)。

⑧6宗密《圆觉经大疏钞》卷三之下。

⑧7《大华严经略策》，《大正藏》第三十六册页七〇二。

⑧8敦煌本《无题》(一)。

⑧9《宗镜录》卷九十八引神秀语，《大正藏》第四十八册页九四三。

⑨0《大正藏》第五十一册页二三一。

参考书目

1.《中华传心地禅门师资承袭图》 裴休问　宗密答《续藏经》第一辑第二编第十五套第五册

2.《法集别行录节要并入私记》 知讷撰　驹泽大学图书馆藏

3.《神会和尚遗集》 胡适校　一九三〇年　亚东图书馆

4.《圆觉经大疏钞》卷三　宗密撰 《续藏经》第一辑第一编第十四套第三册

5.《〈禅源诸诠集都序〉译解》 宇井伯寿撰　岩波书店　昭和十四年（一九三九年）

6.《中国禅宗史》 印顺撰

7.《坛经》 法海编集

8.《中国佛学源流略讲》 吕澂撰　一九七九年中华

书局版

9.《〈禅源诸诠集都序〉译解》 镰田茂雄撰　昭和五十四年　筑摩书房

10.《新校定的敦煌写本神会和尚遗著两种》 胡适校

11.《续高僧传》 道宣撰

12.《中国佛学研究论文大系 14——禅宗思想的形成与发展》 洪修平　一九九一年　佛光出版社

出版后记

星云大师说："我童年出家的栖霞寺里面，有一座庄严的藏经楼，楼上收藏佛经，楼下是法堂，平常如同圣地一般，戒备森严，不准亲近一步。后来好不容易有机缘进到藏经楼，见到那些经书，大都是木刻本，既没有分段也没有标点，有如天书，当然我是看不懂的。"大师忧心《大藏经》卷帙浩繁，又藏于深山宝刹，平常百姓只能望藏兴叹；藏海无边，文辞古朴，亦让人望文却步。在大师倡导主持下，集合两岸近百位学者，经五年之努力，终于编修了这部多层次、多角度、全面反映佛教文化的白话精华大藏经——《中国佛教经典宝藏》，将佛教深睿的奥义妙法通俗地再现今世，为现代人提供学佛求法的方便途径。

完整地引进《中国佛教经典宝藏》是我们的夙愿，

三年来，我们组织了简体字版的编审委员会，编订了详细精当的《编辑手册》，吸收了近二十年来佛学研究的新成果，对整套丛书重新编审编校。需要说明的是此次出版将丛书名更改为《中国佛学经典宝藏》。

佛曰：一旦起心动念，也就有了因果。三年的不懈努力，终于功德圆满。一百三十二册，精校精勘，美轮美奂。翰墨书香，融入经藏智慧；典雅庄严，裹沁着玄妙法门。我们相信，大师与经藏的智慧一定能普应于世，济助众生。

东方出版社

图书在版编目（CIP）数据

禅门师资承袭图／张春波 释译．—北京：东方出版社，2018.9
（中国佛学经典宝藏）
ISBN 978－7－5060－8613－4

Ⅰ．①禅…　Ⅱ．①张…　Ⅲ．①禅宗②《禅门师资承袭图》—注释③《禅门师资承袭图》—译文　Ⅳ．①B946.5

中国版本图书馆 CIP 数据核字（2015）第 289524 号

禅门师资承袭图
（CHANMENSHIZI CHENGXITU）

释 译 者：张春波
责任编辑：王梦楠　杨　灿
出　　版：东方出版社
发　　行：人民东方出版传媒有限公司
地　　址：北京市东城区东四十条 113 号
邮　　编：100007
印　　刷：北京京都六环印刷厂
版　　次：2018 年 9 月第 1 版
印　　次：2018 年 9 月第 1 次印刷
开　　本：880 毫米 ×1230 毫米　1/32
印　　张：7.75
字　　数：120 千字
书　　号：ISBN 978－7－5060－8613－4
定　　价：45.00 元
发行电话：（010）85924663　85924644　85924641